벽 속의 노크

벽 속의 노크

초판인쇄 | 2025년 9월 15일
초판발행 | 2025년 9월 20일
지 은 이 | 홍종철
펴 낸 곳 | 빛남출판사
등록번호 | 제 2013-000008호
주　　소 | 부산시 사하구 감천로21번길 54-6
　　　　　　T.(051)441-7114　**E-mail.**wmhyun@hanmail.net

ISBN 979-11-94030-24-9(03810)

값 12,000원

빛남시선 166

벽 속의 노크

홍
종
철

시
집

빛남출판사

• **自序**

시를 쓰기보다는
읽기가
내
황혼의 여정을
갈무리하는
한
방편이라고 自慰하면서,
기왕
내디딘 걸음
一心專念할까 합니다.

2025년 초가을

홍종철

自序 • 5

1부

내 삶의 아름다운 가념 • 13
집밥 • 14
향수 • 15
문장의 벽 • 16
죽마고우 • 17
바람의 옷 • 18
그 집의 기록들 • 20
달빛 한 보시 앞에 놓고 • 22
씨 불과 불씨 • 23
해후邂逅 • 24
비몽사몽 • 25
기도하는 봄 • 26
입춘이 지나고부터 • 27
빈 원두막 • 28
환청 • 30
인내의 무기질 • 31
오륙도 일출 • 32
한마음 내려놓기 • 33
사진첩 • 34

2부

야화夜話 • 37
못(釘)의 일생 • 38
벼락과 십자가 • 40
계단참 • 42
전후 생사의 공방 • 43
푯말의 자세 • 44
해돋이 • 45
하늘 적조 • 46
돌탑 • 47
황태찜 • 48
벌교포구에서 • 49
희망정 • 50
얼굴을 경작하다 • 52
회색고집 • 53
벽 속의 노크 • 54
임진강 은파만경銀波萬頃 • 56
혼란을 수리하다 • 57
거지중천을 배밀이하는 얼레달 • 58
찰보리빵, 경주 • 60

3부

미륵산에 오르면 • 63
내 사주팔자는 불량품이었다 • 64
필봉 명상 • 65
비로봉 표지석 • 66
유달산 노적봉 • 67
단속사지 쌍탑 • 68
번뇌 한 짐 벗어 놓고 • 70
소신공양 • 71
황태 • 72
은행나무 • 73
천문산에 올라 • 74
허수아비의 이력 • 76
낙안읍성 • 78
양동마을 • 79
동피랑에서 • 80
금강대협곡 • 82
마근담 • 84
똑소리나게 • 85
석남리 송정 • 86
불타는 눈시울 • 88

4부

순천만 갈대 • 91
꽃과 불 – 동백꽃 • 92
제비꽃 사설辭說 • 93
할미꽃 • 94
염라전 나졸들 • 95
성성자惺惺子 – 덕산 산천재에서 • 96
서리의 결기 • 97
학춤 • 98
율무 • 99
애치리艾峙里 • 100
칠불사 첨월각瞻月閣 • 102
성묘 길 • 103
대마도에서 • 104
운서산 장륙사 • 106
사성암 가는 길 • 107
도갑사 풍경 소리 • 108
마곡천 극락교 • 110
선암사 가는 길에서 • 112

해설 언어의 연금술로 노래한 공허의 회생 | 김한빈 • 115

1부

내 삶의 아름다운 가녘

함부로 허비한 시간들이
귀를 세우고 달겨든다

말귀가 어두운 황혼녘엔
눈시울 붉은 해넘이가
먼 바라기를 움켜쥐고

낡은 낭만이 좁은 미간을 서성이듯
해넘이 눈살엔 가시가 돋쳐 있었다

해독이 어려운 표정이
헐거운 주름을 일인칭으로 불러대던,

어제 앉았던 의자에 앉아
삐걱거리는 당신을 마시는 동안
언듯 비치는 얼굴이 달달했다

눈금의 비위를 맞추는 저울추처럼

내 삶의 아름다운 가녘엔
두 권의 사람이 한 문장에 앉아 있었다

집밥

착한 가격에 안내되었다
방석이 엉덩이를 골라잡아
바다가 보이는 창가에 앉힌다
누구에게 어떻게 먹여질까 고민하라며
차림표가 분위기를 들고 온다
투명한 배식구와
알바 사내를 거느린
식단 메뉴가 구릿빛 팔을 걷어붙이자
꼬리에 꼬리를 문 문지방이
비밀번호를 내쫓아버린다
허리띠 조절에 실패한
레시피가 이마를 뜯어내자
허기의 거부지기들이
도랑 같은 창자를 움켜쥐고
비만의 늪을 건너고 있다
수수한 유기농이
힐링 버킷을 연신 퍼 나르자
암묵미暗默味*를 도덕처럼 차려낸 집밥이
정갈스런 수저를 차분히 달래고 있었다

*말이나 글 등의 형식을 갖추어 표현할 수 없는 맛.

향수

별이 총총해 소름 치는 밤
도깨비 허담은 향수의 공범이었다
자신의 과거를
기억하지 못하는 저승사자와
현재를 기억하지 못하는 도깨비
저승사자와 도깨비의 허상
도깨비 허상은 구체적이고
저승사자 허담는 사실적인
시쳇말들 그
시쳇말이 집요하게 향수로 빨려든다
나이테 회로를 확장하는
따끈따끈한 전율
퇴직한 저승사자가
향촌 오두막에 앉아
도깨비인 나를 기다리고 있다
푸른 달빛이 시신경을 풀어 놓자
나의 향수가 도깨비에게 연행되고 있었다

문장의 벽

　갈기를 세운 바람이
　벽을 한 장 한 장 뜯어내고 있었다

　벽의 내공이 들춰질 때마다 벽은 그렇고 그런 면과
그저 그런 면 사이에서
　광활한 면벽의 시야가 나풀거렸다

　일력처럼 뜯겨진 문장의 벽에 피곤한 심신을 기대
어 놓기도 했던,
　면벽이 내민 빈손은 언제나 미완의 자문이었다

　유체이탈의 건조한 웃음이 무소유를 내비칠 때마다
　문장의 벽은 비틀거렸다

　매찬 바람에도 흔들리지 않는 문장, 밤새 시끄럽게
쌓이던 레시피가 바람벽을 가슴에 묻자
　벽속 길들이 꿈틀거리고 포효하는 종지부가 문장의
벽에 휴지부를 묻어 두었던,

　형용사의 행간마다 무거운
　여백을 빻는 붓방아가 사색들과
　입씨름을 하고 있었던 것일까

　외쳐 대던 문장의 벽들이
　조절되지 않는 분노를 자간에 매립해 버린다

죽마고우

너였던 내가 나였던 너를
무춤 돌아본 텔레파시,

흠흠 코만 길어진 사투리가 순둥순둥 아려 오고
투명한 스파크가 눈동자를 부수고 있었다

온통 질문 투성이 표정에
메마른 웃음이 촉촉해지자
삶의 보푸라기들이 한 올씩 뜯겨졌다

심중 가장자리서부터 파문이 일고
의문의 적막이 부서진 채 서걱거린다

하마터면
나는 나와 싸울 뻔했던,

수정이 불가피한 척박한 추억이
표정에 내걸린 세월을 촉촉이 적시고

덥석 악수에 잡아 채인 푸른 죽마가
꾸어 꿈같은 꿈을 들쳐 업고
향수의 근터리를 뛰어가고 있다

덥석 등을 껴안는 사투리가
우리들의 공통분모를 살풋 껴안는다

바람의 옷

바람은 언제나 내가 헐렁하다고 했다
아무에게나 맞는 바람의 옷이
아무에게도 맞지 않는 나를 바꿔 입는다

바람에 바람난 바람은 가만있는데
나만 혼자 헐렁댔다
나와 바람과는 은밀한 대척 관계,
바람은 방법으로 펄럭이는데
나는 수단으로 나풀댄다

온몸이 바람인 풍경이 파랑주의보에 허둥댄다
주의보를 남발한 깃발이 로망의
포구로 불시착을 서두른다
닻은 내리지 않았다
흔들리고 보자는 나는
내릴 닻이 없었다

바람 한 벌의 나

바람 두 벌의 그녀

그녀의 숨은열에 그나마 한 세월,

나는 세월의 등고선을 간신히

삶의 등온선으로 바꿔치기했다

바람 한 마리 나래를 펴고 나의 등온선을 두루 선회하고

잇바디가 촘촘한 석류가 아람을 벌었다

그 집의 기록들

그 집의 기록들 모두는
발자국의 증언뿐이었다

따개비 같은 그 집 동창東窓이
꾸던 꿈을 다시 꾸라는 듯

뜬 눈을 다시 뜨라는 듯
날이 밝았다

좁은 곳간을 에워싼
살림푼수와는 무소처럼 싸웠으나

플라스틱 시간을 앞지르지 못했었다

수족 같은 오래길이
너렁청한 푸르름에 돋아나고

바람 이엉으로 얹힌 추억이

헛간 같은 한숨을 퍼내고 있었다

싸우러 가는 군사처럼
발밭은 발씨가
나의 노을을 수선해 주었던,

녹슨 이마 한켠에는 획이 닳은 외침들이
하늘을 찢어 우레를 뭉치고 있었다

달빛 한 보시 앞에 놓고

달빛 한 보시 앞에 놓고
마주 앉은 두레상이
땀에 젖은 하루를 벗는다
어디서 날아왔는지 밤새가
내 피골상접을 파먹는다
추억을 거덜내는 피골상접에도
달콤한 향수의 무늬는 도톰하다
가슴을 여미고 산 그때
그땐 참말로 흔해 빠진 게 행복이었다
팔랑거리는 잎들은 저마다
꿈을 키우느라 분주하고
바위에 붙은 이끼도 푸르렀던,
기름진 달빛은 눈웃음을 쟁이고
36.5도는 생 꿈을 익혀 주었다
한 잔의 녹차가 시공을 데우는 밤
인내의 무기질을 보랏빛
달빛에 우려 마시는 지금
통통한 달빛 뒤에 붙혀 쓰는
때매김 조사는 모두
감탄사로 마감하고 있었다

씨 불과 불씨

부엌의 아궁이가 부엌데기의
궁과도 무관치 않았다

아궁이 깊숙이 묻어 둔 씨불 사라지면
애먼 부작대기만 두들겨 팼던,

종잣불 지키기는
아낙네들의 불문율이었다

면박으로 얻은 씨불로
밤새 울던 문풍지 달래야만 하는 새벽,

말전주들의 뒷담화는
대꼬챙이처럼 따끔거렸다

어미의 숙명으로 태어나
씨 불 지킴이로 살아가야만 하는,

씨 불 동냥과 불씨의 동냥
아낙은 불의 씨받이였다

해후 邂逅

휘늘어진 능수의 춤사위가
하늘거림 끝에 먼 마음을 앉힌다

섬뜩 잡은 두 손의 전율,
미구彌久의 세월에도 유년의 눈매가 찌릿하다

붉은 잇몸을 드러내며
꽉 쥔 손만 흔들어 대는
흐린 눈동자와 저린 눈살

파도처럼 밀려든 주름살이
애띤 얼굴을 부수고 있었다

반백 너머 드리워진 허무 사이로
황혼의 아픔이 현수막처럼 펄럭거려,

세월에 간이 절어 묵혀 둔
추억의 메모가 도슬러 아리다

향수의 퍼즐이 서녘 기러기처럼 펄럭댄다

비몽사몽

어제는 저승사자를 따라다니다
어느 숨가쁜 적막에서 나를 놓치고 말았다

보폭이 다른 당신을 좇았지만
홀로 빈 뜰에 버려진 나는
칼날처럼 날카롭게 서 있었다

선잠에 돛을 달아 밤새 따라가 보려 했던
발길은 어느새 종적을 감춘 채였다

서슬 푸른 나락의 벽 앞에 다다른
나는 저승행 기차를 타려 했지만 꿈길이 저물어

꿈속 발자국을 두 손에 나눠 들고 가는
거기가 어디길래 밤마다 잠귀를 뜯기는지,

생시 같은 몽상에
어수선한 잠자리를 개비며
자명종처럼 눈을 떴다

핏기 없이 내 곁에 와 누워 있던
달빛이 비칠비칠 걸어가고 있었다

기도하는 봄

기도하는 봄이 뜯겨진 손바닥을 깁고 있다

허공에다 못을 박는 새싹들이
일심기도를 들이대는 봄밤,

문득 발걸음 세워 놓고
건조한 안구를 몇 걸음 뒤로 물린다

너는 자세가 기도이므로
소원이야 있으나마나겠지만

어디론가 내처 달리는
나의 이마가 뜨겁게 조였다

일촉즉발 통증 끝에
유년기처럼 웃다가
사춘기처럼 울다가

푸들푸들 겉절이 같은
칠흑을 눈물에 말아 마신다

욕심 없이 합한 손바닥을 열면
매질처럼 따가운 봄볕이 눈물샘을 달군다

입춘이 지나고부터

바다는 은파의 깃을 세우고
하얀 소리를 밟고 온다

사유 너머에서 출렁거리는
객창이 물결을 열어 주면
동심원 잰걸음이 꿈속까지 따라 들어왔다

개여울이 일렁이기 시작하면
내 몸에선 해일이 일어
그리움도 병이 되는 나이,

결을 뒤채는 행간 걸침에
기념비적인 오늘들이 깨어나고
메떨어진 꿈들이 길을 퍼 나른다

도망가다 붙들린 나이와는 달리
빈 껍질 같은 낯선 푸념들,

나른한 봄볕이 사느라고 힘든
남자의 등짝을 살풋 내려놓는다

지상의 꿈을 걸치고 외출한
나의 청춘은 어느샌가 꾸던 꿈들로
황혼을 지피고 있었다

빈 원두막

졸음을 베개 삼은 빈 원두막엔
한철 풍경이 오수에 젖어 있었다

추억의 온도가 상승하고
꿈에선가 들려오는 태치는 소리

소리 하나가 빠져나와
그림 같은 가을을 배회하고 있었다

어느 허수아비 선발대회에서
밀집 모 비뚜로 쓴
허수의 아비 너털웃음 거치대엔
아버지의 노동이 걸쳐져 있고

참새 떼의 붉은 종아리가
거느린 슬하에 봉착될 때마다
어머니의 허전한 허기가 버둥댔다

발자국을 동여맨 허수아비가

이승의 업을 업고 따라나서자
웃음을 머금은 채 잠든 객수客愁는

바람의 피봉에 봉인되어 온
새의 신발을 쓰윽 신어 본다

팔베개를 괸 흥건한 표정엔
은파만경이 마―악 게양되고 있었다

환청

끝내 소리를 누설하지 않는
공명통이 나팔관을 긴장시킨다
동심에 머물던 흰 달빛이
생각의 어귀마다 걸음을 세워 놓고
나의 노경을 협상하듯 되씹는다
그럴 때마다 이석이 노글노글하고
호둣속 같은 미로가 활활 탄다
야광시계가 불면을 호소하는 밤
모든 향방이 회오리에 감겨 있다
어둠에 교차되는 초침이
긴장된 고요를 하얗게 비우며
알람을 흔들어 어둠을 깨운다
어둠을 수거해 가던 청소차가
종소리 한 개 내려놓고 떠나자
불면에 취한 환청이
소리를 분질러 어둠을 불사르는,
무방비의 침묵과 반수상태 현기가
대책 없이 울부짖는다

인내의 무기질

인내의 무기질은 엉뚱하게도
보랏빛 향수鄕愁였다

도랑 같은 창자에 허기가 접힐 때마다
박달나무 절구통이 가난을 빻느라 분주하고

눈물에 밥 말아먹던 찰가난에도
삶의 이랑은 아람 벌었다

인내하는 일이 우거지 덕장처럼
끈덕졌더라면 어땠을까

내 등은 빈 지게처럼 허전하다

우직하게 서서 바라보는 먼산
지금도 어금지금이건만

동아줄 같은 다짐들이
나의 황혼녘에 헝클어져 있다

이제 내가 할 수 있는 일이란
파꽃 같은 생을 詩로 아파 보는 것이다

오륙도 일출

뺨이 붉은 새벽이
직립의 자세를 꺾어버리자

얼굴선 굵은 사내가 여명 빛 이마를
침묵 난간에 얹어 놓고 말이 없다

사위가 캄캄한 이마가
여명의 문장에 뜨거워지고
얼혼을 빠뜨린 오륙도가
오리무중을 헤엄쳐 다닌다

동살에 찔린 수평선이
백야의 회로를 꺾어 들면
면벽수행 석간송이 해무를 벗어던진다

차 한 잔의 입술이
당초보다 뜨겁고 불붙은 허공은
사내의 등에 충전 플러그를 꼽는다

한마음 내려놓기

가덕도 세바지에 가면
정직하지 않고선 발 들이지 못할
정자 하나가 희망정*이라는
명판을 달고 마음의 끈을
단단히 동여매고 있다
바람 끝에 매달려
스릴을 채 가는 갈매기와
너울성 파도와 타협할 줄 아는
갈맷빛 현기증이 아뜩하게 던져진
희망을 간간이 추스르고
사이시옷처럼 치솟는 파도가
모서리를 먹이는 열화,
더위를 수거해 간 공포가
허공을 짚고 올라오는 해무로
쇄도하는 주문呪文을 장식한다
내 또래 山지팡이가 벌레처럼 기어다니는
안돌잇길 끝에 희망이 아득하게 얹혀 있고
등짝에 짓눌린 사내가 남자의 침묵을
생의 난간에 얹어 두고 말이 없다

*부산 가덕도 세바지 희망정.

사진첩

흑백 미소가 탈색된 얼굴을
지키느라 표정조차 무던치가 않다

얼의 굴에서 어슬렁거리는
오래된 이름들이 침묵에 덮여 있다

나달나달한 추억들을
두루마리처럼 말아 둔,

추억해 줄 사람보다
아프게 하는 저들이
단풍 든 나를 노랗게 흔들어 댄다

퍼석한 하품이 얼굴의 용도를
찢어지게 담아내고,

납작한 남자가 첩帖의 일생을 뒤적이고 있다

세월 가면 이별 오고
이별하면 명치끝이 아린 면면들,

초점을 끓이는 동공이
눈썰미를 뾰족하게 다듬는다

2부

야화夜話

허구의 풍자에 달빛 뺨이 붉은,

때론 명석하고 때론 얼간이
얼이 빠지도록 도깨비 이야기 듣는다

눈뿌리가 타들어 가는 야밤에
달빛 적막을 분칠하는 웃음소리

객소리에 날이 선 달빛이
메뚜기 앞이마처럼 반들거렸다

짧은 목을 수습하는 도깨비들이
이야기 접시에 찌릿한 기억를 담아낸다

귀담아들으면 주의主義가 되고
새겨들으면 울타리가 되는 초경初更

따개비처럼 엎드린 지붕 위로
하얀 박꽃이 설화처럼 피어 있다

못(釘)의 일생

녹슨 못대가리의 침묵,
저 집요한 집착들이
일심전력을 쿵쿵 못질한다

냉기로 번지는 망치의 전언
싸늘한 고립의 방식을 고수하는

자세의 우듬지에
동작의 목록이 얹혀 있었다

자리 한 번 옮길 줄 모르는 못의 일생
수명을 바쳐 자세를 지키는 외골수

마치질 소리를 뒤채던 쉼표가
붉은 결백을 꽝꽝 묻어버리자

동사형으로 구부러지는 직립
자화상의 정수리가 매서워진다

주야장천 한 자세만을 거느리며
직립을 주창하는 못은 생각하는 갈대

육식성 소리를 쾅쾅 받아낸 못은
박혀 썩을지언정 구부려지기는 싫어
온 힘을 다해 썩고 있는 것이다

벼락과 십자가

불어터진 종소리가 등 떠미는 밤이면

저주 없는 어둠을 찔러 대는
초침 소리가 밀린 꿈에 붙들린
교회당 성호를 허공에 걸어 둔다

눈길에 붙들린 번개표 찰나가
우레를 벼려 하늘을 베어 버리자

쩍 갈라진 하늘
십자가가 무봉 취합을 한다

선 채로 의관 정제한 종각이
후광에 걸쳐진 전율을 밀치고
아껴 두었던 손목을 끌어당긴다

헐렁한 사내의 살찬 눈빛도
가시가 돋친 듯

여명 빛 깃털이 심안心眼에 까끄리하다

찰나를 베는 번갯날에도
잘리지 않을 초침소리

어둠의 돈대에서 더 이상 신앙을
청탁하는 우는 범치 않겠다는
십자가의 소리 없는 아우성이
나의 벼락이기를,

계단참

계단은 언제나 절실한 인내와
단호한 각심을 요구한다
앞질러야 그나마 한 세상
지름길은 언제나 오르막으로 걸쳐져,
인생계단에도 계단참이 있었다면
나의 비탈은 염려 없었을 텐데
얼마의 비탈을 담아내야만
나의 삶은 평탄했을까
숨 차오르는 생의 가파름에
쉼표처럼 얹어 놓은 계단참
등 떠미는 작심에 주검은 가파르고
인생의 언저리에 가까울수록
그나마 한 입지마저 좁아져,
비탈에 기대선 뜨거운 청춘들이
허공의 질서에 척 걸쳐져 있었다

그 청춘을 공궈 놓고 한나절쯤 쉬었다 갔으면,

전후 생사의 공방

초벌구이 곰장어가 석쇠에 앉아
제 죽음을 노릇노릇 불러낸다

죽은 나와 살아 있는 내가
곰장어 불판에 마주앉아
수난 복음을 음미한다

사후 세상 사람들
제가 죽은 줄도 모르고
밥을 먹고, 일을 하고, 공부를 하고,
천년을 살 것처럼
기도를 하고, 운동을 하고

제가 제 전생을 모르고
내가 내 후생을 모르듯,
죽은 사람의 여기가 산 사람의 거기일지도,

나는 구천에 떠도는 혼신, 아니
윤회 왕생한 후생의 전생,

전후 생사 공방이 마주 앉아
어느 죽음을 권커니 잣거니한다

푯말의 자세

푯말의 어깨를 살짝만 스쳐도
나의 주인은 엉뚱한 곳에 배달되곤 했었다

푯말은 자세가 말뚝이므로
어느 말(言)을 묶어 놓아도
고삐 풀릴 일은 없겠다

헝클어진 행선을 말뚝처럼 꾸짖는
전언이 발을 동동거리자

혹시나 했던 나의 누군가가
푯말의 말씀을 네비에게 건네자
앵두 같은 음성이 막막한 생을 유턴하라며
가던 방향을 찢어 버린다

무서운 집착 앞에 직진과 유턴은
완벽하게 물질적이고 완벽하게 이질적이다

낡은 인생에 먼저 도착한 허무가
빈 그릇처럼 앉아 있었다

해돋이

동떨어진 소싯점에서 어둠의 중얼거림이
페이드인으로 번지고 있다

여명의 입자들로 분열하는 일출
머-언 땅끝이 서둘러 깨어나고
적막의 심장이 연쇄적으로 폭발한다

어둠에 포획된 목쉰 동녘이
힘센 여명에 휘둘리자
적막의 무게를 견디지 못한
허공이 주검을 놓아 버린다

기도의 서두엔 짧은 육자 염불을 배치하고
그 본말엔 하얀 여백으로 남겨 두었다

차렷 자세를 모아 선 침묵이
치성을 이마에 얹어 놓고 요동이 없다

기도가 모자라 개화를 멈춘 나의 꿈,
해돋이는 해넘이에 비해 많은 것을 요구하지 않는다

하늘 적조

영혼 없는 무두귀가 걸어 다닌다
아무런 의미도 교감 없는 선걸음이
남자의 헛기침을 밟고 따라간다
낱낱이 혼자뿐인 전면 마스크
밀려다니는 세파가
점멸 신호등에 쫓겨 가쁜 숨을 몰아쉰다
문안에 문이 닫힌 벽의 시간
두터운 남루를 속으로 걸친
바람 옷은 너무 화려하고
전면전을 선포한 황사주의보가
소통의 하늘에 적조를 풀어 놓자
발자국이 무거워 끌려가던
일용직 하루가 먹구름을 토한다
모래성이 쌓이는 거리에는
적록색맹에 남발 당하는 신호등이
아무런 생각 없이 걷고 있는
발자국을 쓸어 담는다

돌탑

홀연히 무너질 나를
이윽고 무너진 내가
꼿꼿이 앉아 무너짐을 쌓는다

버팀과 지탱 사이 무수한 집중이
까치발로 포개져 있었다

간당간당한 생의 기호가
어이없게도 바람으로 체를 삼는,

소원을 염원한 돌탑은
자세가 무너짐이므로
실패와는 무관했겠다

돌 속 자세를 꺼내
언젠가는 무너질 나를
당실이 쌓아 본다

아무래도 돌탑은
사람보단 조화로운 종교동물인 양,

돌은 어떤 모양으로 생겨나던
포개 놓으면 신앙이 된다

황태찜

예부터 *以冷治熱*은 하수요
*以熱治熱*은 상수라고 했다

이열치열에 서성이는 목록들은
모두 비명처럼 날카로웠다

진화를 게을리 한 손바닥부채가
겹겹의 이목구비를 뜯어내자

표현을 헤엄쳐 온 노련한 황태가
소반에 엎드린 인생을 발라 먹으며
매운 폭풍을 발굴한다

불에 타들어가는 혼쭐이
셀프 정수기 앞에 장사진을 치고
카드를 긁던 황태가 정곡을 찔러준다

'매운 맛 좀 봐라, 인생'

어떤 아픔을 발라 놓은 앞접시엔
황태의 자세가 철학자처럼 앉아 있었다

벌교포구에서

벌교포구 은결 갈숲에는
정분나는 늘품이 섶비빔질을 하고 있었다
논병아리 어미 품에 몸을 숨기듯
바람벽이 되어 주는 갈대숲
산다는 것이 결국은
누군가의 바람벽이라는 것을
갈대는 알고 있었을까
시월을 갈무리하는 갈꽃
삶의 방식을 개평놀음에 맞춰 놓고
갈대의 품을 헤치고 들어가면
수런거리는 시월의 갈잎 소리가
여인의 품속 같아 젖은 눈이 감뜨인다
모정의 그리움이 강대로
선득대는 포구엔 푸수한 사투리가
익어 가고 고개 숙인 갈대 이삭이
하얀 칼라를 세우고
그 시절에서 서성이고 있었다
보조형용사를 자처한 은결 풍광이
시끄러운 바다를 미동으로 품어 안는다

희망정

정자에는 덥수룩한 희망들이
확신에 가까운 예감을 응원하며
벼룻길을 따라가다 보면
등 떠미는 숲정이가 아찔한
벼랑에 방석을 내민다
아찔한 것은 언제나 긴장의 파편,
파편이 때로는 치명적이지만
예리한 발상을 매섭게 질타한다
시선을 맡길 수 없는
비릿한 전율이 깃을 털고 일어서면
송뢰가 암벽을 흔들고 나는
사발눈을 뜬 여독을 바람 곁에 누인다
몽돌밭을 걸어 다니는 파도가
모둠발로 뛰어 오르고
아직 적막하지 못한 달빛은
손에 든 랜턴처럼 앞을 질렀다
고도의 극치로 설계된 희망정이
똬리를 튼 등고선을
산 밖으로 쫓아버리자

줌으로 끌어당긴 희망이
벌써 초의식에 도착되어 있었다

＊희망정 : 부산 가덕도 세바지에 있는 정자 이름.

얼굴을 경작하다

누군가와 一面하고 一同했던
무수한 말꼬투리에는
아람 벌은 손뼉이 쟁여 있었다

미소의 상현이 이울어져
훔친 두 뺨 위로 달맞이꽃이 피고

비 내리는 문장에는 맥락에 잠긴
밑줄이 초점을 짜놓고 응답을 기다렸다

구렁논에 객토 같은 이야기와
중얼거림에 등 떠밀린 방점들,

얼굴의 경작이 간곡할 때마다
안면 근육엔 손뼉이 심겨져 있었다

초점을 곱씹는 눈까풀이
미소의 형질을 바꿀 때마다
표정의 영토는 드넓어진다

회색고집

회색고집은 사육할 수 없는
스타성을 겸비한다

회색은 더러움을 타지 않는다

산전수전에도
소신을 저버리지 못 하는
회색은 힘이 세다

격랑의 세월에
석비레 같은 인생

때론 힘들 때도 있지만 여기서
나는 수많은 나를 만날 수 있었다

어떤 휘둘림에도 무기가 되어 준 고집,

회색고집이 때로는 파국에 초대되기도 하지만
고집 없는 노인은 물렁팥죽이기도 하다

벽 속의 노크

벽 속 正한 곳에 쟁여 두었던
노크가 나의 무시간을 거둬들인다

어느샌가 그에게 타진된 내가
겅중거림에 붙들려 있었고

공명통을 움켜쥔 영문 모를 노크가
허전한 곁을 힘껏 그러잡고 어른댔다

끊고 자르고 잇고 붙이는
벽장 같은 사유가 들떠 있고

돌팔매 같은 노크가 제시한
동심원은 둥글고 때론 깊어
바깥의 적막만 허우적거렸다

내방자의 치레 노크가 울리기 바쁘게, 혹은
여리게 여심餘心이 술렁거리고

마중 손에 딸려 나간 조바심은
읽어듣지 못한 수화처럼 더듬거렸다

시상詩想을 깨우는 벽 속의 노크가
나를 포로처럼 가둬 놓고 당신은
진작 외출에서 감감무소식이었던,

임진강 은파만경 銀波萬頃

강줄기의 꿈틀거림이 지평선을 꿰매고 있었다

눈이 멀 듯 산을 바라보며
산의 맥박을 두근거려 본다

자세를 전달하려면
정처가 필요한 것이다

흐르는 강의 정처를 깨웠더니
내일의 적막이 허둥대고 있었다

중동이 부러진 산허리가
두고 온 시간을 끌며 그렇게 강은
시시때때를 강변으로 밀어내고

산줄기 덧댄 솔기마다 장막이 흘러내리고
능선의 결마다 메아리의 문법이 쌓여 있었다

여과되지 않은 물경勿驚이 하얗게 쏟아지는,
임진강 은파만경이 피 묻은 노을을 닦고 있었다

혼란을 수리하다

먼 산 등고선이 산자락을 밟고 내려선다

흔들판에 얹어 놓은 나이테의
둥근 노동이 날마다 헝클어진다

혼란의 갈피가 캔을 따듯
똑딱 도도한 귀를 딴다

귀가 열리고 모서리가 닳은 천둥소리가
둥근 꿈을 촉촉하게 수습해 주었다

촉촉한 꿈을 더듬어 나가면
자세와 싸우는 늙은이가
등뼈를 세워 혼란을 수리한다

그리움의 갈피짬에 서성이는 빗소리가
차오르는 허기를 다발로 묶어낸다

거지중천을 배밀이하는 얼레달

초시간을 강요받던 나의 허공은
뜯기지 않는 침묵에 담겨져 있었다

육중한 한숨이 내뿜는
진공 상태의 허기 때문에
운율의 부식이 심각했다

근접할 수 없는 박명의 여백은
자간과 행간의 여지에 따분했다

초기화에 실패한 으스름달이
밤낮 바뀌는 주소를 따라잡지 못해
무주공산을 하염없이 내려다만 본다

산사 범종 소리가 새벽을 탁발하러 떠난 후
달빛은 흐느끼는 듯 산허리를 휘감고 있었다

거지중천을 배밀이하는 얼레달이
희미한 낯꽃을 도슬러 짓고

잡을손을 풀어 던지는 밤이면
벽을 지고 들어서는 물렁한 눈빛들

지층을 서성거리는 둥근 하늘이
까치발을 들어 허공을 만지작거렸다

노기 띤 허공의 말씀이
쉼표 없는 문장에 걸터앉아 토라진
종지부를 타이르듯 뇌아렸다

찰보리빵, 경주

경주에 가면
개떡의 딴 이름, 보리빵이
'찰' 字를 끼워 팔고 있다
입술에 루즈 바른 보리빵이
불경기를 문전성시한다
시간에 밀려가는 완행열차가
어머니 시대에 도착하자
할머니를 추모하던 보리빵이
나를 리모델링하려 든다

짧은 입, 긴 혀
보리밥은 안 먹겠다던 결기가
유독 오늘을 고프게 한다

끼니와 주전부리, 밥과 빵
생각하면 뭉클한 가슴이 눈시울을 적시고
보리개떡의 딱딱한 입술에도
육신은 병들지 않았으나
정신은 좀체 열리지를 않는다
꽁보리밥의 잔재가
입이 짧은 지갑 속에서 나를 끄집어낸다

3부

미륵산*에 오르면

고소공포에 절여진 성호가
생가슴에 엉긴다

케이블카 도르래의 노기 띤 마찰음이
파편으로 아찔할 때마다
창밖 바다엔 세치 혀들이 각양하다

비워진 바다를 끌고 가는
통통배의 여덟팔 자 하얀 포말이
백척간두 공포를 위로라도 하듯

팔자가 툭 트이고 비로소
사람 사는 세상이 보인다

날개를 달아주는 계단참이
한 모금 축임으로 비탈을 갈아 끼우고,

바다의 기호들은
미륵봉 화엄을 떠받치고 있었다

*경남 통영 미륵산 미륵봉

내 사주팔자는 불량품이었다

누군가가 쓰고 버린 사주팔자에
내 인생을 담지 마라
불량품일 수 있다
팔자도 유효기간이 있다는데
효험 사라진 사주팔자
아날로그로 공궤 놓은 여명이
디지털 땅거미에 조롱을 당하자
불만을 가진 무덤들이
천륜의 끈을 끊어버린다
사주의 네 기둥으로는
버틸 수 없는 이승 살이
아무리 하찮은 일이라도
팔자타령만으론 이룰 수 없어
얻기 어려운 그 세월들
소중한 것들을 죽음이나 지옥 곁에 두고
나는 맹목적으로 달려왔다
후일, 누군들 내가 버린
사주팔자로 인생을 괴지 마라
불량품이다

필봉* 명상

당실한 필봉 여백 처리가
필촉을 단정하게 여민다

능문능필에 수려한 필봉이
표랑객인 나에게
필담시筆談詩 한 수를 읊어 주었다

여백에 쭈그리고 앉은 하늘이
커다란 마침표에 찍혀 있었다

계곡으로 몸을 던지던 바람이
산자락을 걷어 피 칠갑을 닦고

물격으로 호칭 되는 필봉 육필이
덩치 큰 세월을 권말 부록에다 이첩한다

명상에 시달리던 감성의 파편들이
등고선을 둘둘 말아 세월 밖으로 던져버린다

가을 무서리에도 꽃을 피우는
구절초 화두가 파르스름하다

*필봉 : 경남 산청군 금서면 (동의보감 촌)필봉.

비로봉* 표지석

낙동강(남동쪽 죽계천)
남한강(북서쪽 국망천)이
발원지를 협상하듯 산금에 마주앉아
비구름을 몰고 다니던
조간신문이 여낙낙 산악을 후비는,
구터분한 땀벌창을 뜯어내던
비탈들이 바람에 쌓이고
주목나무 고사목이 엄벙덤벙
산마룰 뛰어다닌다
일망무제가 난바다가
비로봉을 흔들어 깨울 때마다
소박한 솜다리 에델바이스가
하늘 바람을 탑돌이 시킨다
등짐 지고 올라온 쓴 가슴으로
글을 쓰다 보면 온 세상의 푸념들이
나를 향해 가슴을 열어줄 것만 같은,

안개비에 젖은 빗돌 하나가
누리의 중심을 꼭 붙잡고 있었다

＊소백산 비로봉

유달산 노적봉

낙동정맥 곶, 부산
노량산맥 곶, 목포

용두산, 유달산,
곶, 곶마다 슬픈 노래비가 있고

바다 저 멀리 배들이
이별처럼 떠 있다

수평선 낙조를 바라보던 팔짱이
나를 뜨겁게 포옹하고
남은 곁두리를 조용히 고쳐 묶는다

노래비 앞에 문득 세워진 발자국이
혼자 아파하는 가사를 깃고,

대교에 걸터앉은 낮달과
노랫말을 고쳐 쓰는 파도는
물굽이를 뜯어내 이맛살에 파묻는다

유달산 노적봉 곳간이
물때를 밀고 달려드는 모리배의
하얀 함성을 온몸으로 내치고 있다

단속사지 쌍탑

세월을 구걸하지 않는 쌍탑이
장죽을 짚고 먼 길을 가고 있다
지리산 옥녀봉 자락
상처투성이 탑신이 쓸쓸한
적막을 벗어 허공에 걸어 두고
빈둥빈둥 빈 들판을 서성이고 있다
지상의 무게 홀연 벗어던진
금당터, 심오한 열반경
한 폭 쟁여져 있으려나
다시 빈들에 서 본다
길은 있어도 유구한 변방
정당매향 노래로 새겨 놓고
무거운 경전 홀로 이고 계시는가
짐작으로 가람을 이루고
흔적으로 터를 지키는 유적엔
쓸쓸한 당간지주만 남아
무언가에 하소연할 게 있다는 듯
해넘이 등에 칼을 꽂는다

무거운 경전 벗어 놓고

출타한 노승은 기별조차 없는데

산발한 잡초만 절터를 지키고 있다

*경남 산청 단속사지 : 숭유억불 정책으로 유생들의 분탕질
 이 심했던 곳.

번뇌 한 짐 벗어 놓고

버거웠던 번뇌 넣큼 받아드는
거조암 명부전에 들어서면

528나한의 흔들림 없는 눈매에
나(我)라는 것들의 덧없는 인연

행여 목쉰 부름 같아
지켜볼 수밖에 없었던,

선계에 어린 풍경 소리가
닫힌 산문을 열어젖힐 때면

산허리 휘어잡는 구부정한 소나무가
이승의 겨운 소원을 대변이라도 하듯

쉼 없이 생동하는 정령들에
생떼 없으려나 빈손을 모아 본다

번뇌 한 짐 부려놓고
슬며시 다가서 오는 허공의 빈 지게,

선뜻 내민 빈손에
없어도 있는 그대의 뭉클한
이 환영의 설렘……

소신공양
– 해운대 장산 원각사에서 녹차를 덖으며

사변적 하루가 내려다보이는 언덕

화덕에 불 지펴 놓고
구증구포 불佛뜸을 들인다

이랑마다 비 묻은 등고선이
참새 혓바닥을 손톱으로 따서
불경을 덖는 일

차순茶筍 멱을 따는
손톱은 존재부터가 음모였다

녹차 한모금의 성불,
불佛이 뎅기네,

한 세월 돌아앉은
명상도량 석불 한 분
슬그머니 연蓮방석을 비켜 앉는다

황태

한 삼동 덕장에서 개명을 한 황태,

눈바람으로 뼈를 삭히고
결빙으로 각심을 다진

너는 자세만으로도 성자이므로
따로 성찰은 있으나 마나겠다

기지개가 찢어지게 나른한 봄날
이열치열이 볼우물을 판다

모천회귀 연어보다 할 말이 많은
한술 국물이 목로에 앉아 손뼉을 뿌리자

걸상다리를 걸쳐 얹은 기다림이
손차양을 뜯어 포켓에 찔러 넣는다

밤새워 우린 기다림이 졸아 들자
덕장에 걸린 황혼이 맵싸해졌다

난바다를 끌고 다니던 지느러미가
나의 나이테를 흔들어 깨운다

은행나무

앞뒤가 없는 손바닥이 나풀나풀
바람의 이마를 닦고 있다

살아 있는 화석, 은행나무는
제 이별을 바라보듯 바라보지만

어디서 부르는 것 같아서
기어이 부를 것만 같다가
끝내 부르지 못하는 집요한 응시

노-란 보료를 깔고
기다릴 사람 기다릴 줄 알고
보낼 사람 보낼 줄 아는
울먹한 표정의 전경인 것이다

은행잎 주워 말을 묻다가
묻는 말에 대답하다가
혼자서 키득키득 웃는다

추억의 화신 은행나무는 오늘도
이별처럼 서서 만남처럼 서성인다

천문산*에 올라

삭도 칠천사백오십오 미터
발상이 비릿하다
까마득한 시공의 경계를 열고
올라선 天界에서 닳고 바랜
이승의 삶을 내려다본다
저 아래 아등바등 대던 꿈들이
거부지기처럼 밀쳐져 있다
물러설 수 없었던 수평의 시간들이
원시신앙처럼 의문투성이다
입을 틀어막던 비명이
답답한 가슴을 풀어 던지자
단 한 번도 분노한 적 없을 성 싶은
저 아래 지평 속 나는 결국
미상불 티끌이었을 뿐이었다
얼마든지 오물인 나는
아무쪼록 말을 버려야 했다
비릿한 벼랑이 높았던 건
내 목이 짧았기 때문일까

물색해 두었던 저승의 거처가
돌아설 수 없는 발목을 붙잡고
손에 닿을 듯 낮달은 하얗게 웃어대고,

＊중국 장가계 천문산

허수아비의 이력

허수아비의 이력 속으로 한 무리
새떼가 날아든다
허수아비가 그리워 때로는
살아가는 재미를 잃고
도시에로 몰려다니는 참새 떼,
저들도 나처럼 터전을 빼앗겼나 보다
가을볕 한 자락 깔고 앉아
참새 쫓던 그 시절
오래뜰 그 허수아빈 지금도
각설이처럼 웃고 섰을까
허수의 텅 빈 말씀 하나가
추억의 이마를 툭 치고 간다
시오리 나른한 가을볕에
게으르게 졸고 있는 나에게도
갑질이라는 걸 갖게 해 준 참새 떼,
나는 오늘도 헤프게 웃고만 서 있는
허수들처럼 재촉도 동요도 없이
물렁팥죽으로 사는 것은 아닐까
까닭 없이 지청구만 늘었다

유기농을 고집하는 허수의
어엿한 객기가 시치미를 뜰 때마다
열십(十) 자를 가슴에 품은
허수아비가 달마처럼 웃는다

낙안읍성

샛길이 모여들었다가 사라진다
꼬리가 밟히지 않으므로
요새와 요충이 요긴하게 응용됐겠다
전리품 같은 담장이 천천히 구부러진다
아우성의 긴 그림자가 휘청거리며
성문 어귀에 진을 치자
독 안에 든 쥐가 호통을 친다
줄행랑을 치던 쥐구멍이
속도를 줄이지 못하고
진구렁에 미끄러진다
인간문화재를 태우고 달리는 관광버스가
노래 못하는 사람은 춤이라도 추라며
창문 빛 구멍을 꼭 닫는다
전장 뒤풀이는 깃발이 하는데
춤은 관광버스가 춘다
부산한 두개골이 부산에 반납되어 있었다

양동마을

가던 길이 똬리를 틀자
초야에 묻힌 마을이
팔작지붕을 말아 올린다
이어폰을 낀 오후가
천년 古家 담장을 기웃거리자
향수를 빚던 초가가 말문을 연다
바람을 입에 문 꽃봉오리가
개망초를 데리고 무첨당으로 오르자
무첨당 양지 볕이 뛰어나와
누군 줄도 모르고 얼싸안는다
진펄에 발을 묻은
연꽃과 수련의 속삭임이
멀리 동해까지 속삭인다
가뭄에 타들어가던 가슴들이
느티나무 그늘에 앉아 연밭을 바라보니
한 잎 흔들리는 잎사귀에도
뿌리 깊은 얼이 묻어나고
아득히 먼 향수의 잉여지
젖은 그림자가 나를 일으켜 세운다

동피랑에서

차마고도 같은 골목 하나가 자세를 추스르자
획이 닮은 피랑 하나가 안겨든다
동쪽을 여닫는 언덕이
움칫 기대선 바다를 밀어낸다
이마에 다짐들이 총체적으로
다양한 허청걸음만 아기작거린다
수평의 은유가 계단마다에 지체된,
내 시의 1연에 정박한 달빛이
접이식 미로를 층층계로 예인한다
쳐다보면 막다른 골목
내려다보면 아련한 추억의 반문들
벽에 부딪칠 때마다
추적추적 벽화가 쫓아 나오고
도란도란 옛 이야기가
짧은 발목을 극지에다 버려버린다
그 세월 그냥 그대로 서성거려 있고
쪽배가 실어나르는 포구론
허기진 하루가 엎질러져 있다
나른한 바람의 어깨로

리모델링해 놓은 안식각이
언덕 곳곳을 계단참으로 앉혀
머무는 곳마다 관망이 당실하다

고장난 얼굴에 바람을 끼얹자
동피랑 두 **뺨**엔 미소가 옴팍하다

＊경남 통영 동피랑

금강대협곡*

고사목 늘비한 밀림이
그간 적년積年을 밀고하듯
샛길 푯말을 산악에 걸어 두었다
기동 잃은 사다리걸음이
넋 나간 얼굴을 부축하고
산허리를 유영하는 계곡은
이끼의 시간을 끌러
분절된 이념을 동여맨다
절개된 도랑은 알밴
가재 집게발처럼 기세가 등등하다
하늘 높은 줄 모르고
바닥이 깊은 줄도 모르는 산협은
안식각을 베고는 미동도 없다
세모 잠을 자던 도랑이
산문을 열어 둥근 바다를 불러들이고
현기증을 꿰어 매단 금줄이
목덜미를 끌어당기는 칼금 단애
호루라기가 산 틈에 낀 고요를 긴장시킨다
절개를 붙잡고 있는 나무들과

진화를 거부하는 이끼들이
발자국을 뜬어 뒷전으로 물리고
조바심을 달래던 적막강산은
허물없이 다가와 엎어진 나의
그림자를 단번에 일으켜 세운다

＊백두산 서파 금강대협곡

마근담*

멧돼지가 부엌설거지를 하는 골짝,
일말의 가식 없이 온몸에 가시가 돋친다
달도 별도 꿈도 푸른 밤,
굵은 이슬에 과학도 당황한다
단 한 번도 편히 쉬어 보지 못한
일요일이 입소문 따라 들어서면
심오한 예지의 그늘과
소슬한 운치의 산수 경개가
입소문을 함초롬히 적셔 준다
바깥소문이 닫힌 격오지隔奧地
산은 높이보다 적막하고
밤 뻐꾸기 때때로 귀를 열어
한적한 생각을 깨운다
그래도 난 칠성판이 열리지 않았다
뒤태가 까마득한 산문이
산 틈에 끼인 고샅에 견인되자
행성 바깥 골짝이 귓밥을 물고 늘어진다

젖은 꿈을 헤는 개밥바라기가
바위처럼 잠이 들어 있다

*경남 산청군 시천면 마근담

똑 소리 나게

1
어제는 저승사자를 따라다니다
어느 묏등에서 사자를 놓치고 말았다
보폭이 다른 그를 쫓아갔지만
홀로 달 뜰에 버려졌다
생시 같은 몽상에
어수선한 잠자리를 개비며
자명종처럼 눈을 떴다

어느 영락한 가문의 묏등에서는
당대발복當代發福을 내었다는데

2
꿈이 허전하다
흔들리는 꿈, 거기가 어디길래
밤마다 잠귀를 뜯는가
지금은 詩想에 나대다 어느새
돌아가는 바람 앞에 서 있다 이제
마지막 내 채찍은
휘지 않고 부러지는 일

똑 소리나게 나를
부러트리는 일뿐인데,

석남리 송정*

삼각주 작벼리엔
범속한 나무완 동조를 거부한 노송 군락
오순도순 둘러앉은 거푸집이 나무 차광으로
바람의 손을 끌어 덮는다
유산소 풀무질하는 참매미의 환청
해동갑 내내 자분정自噴井 육각수가
아이스를 물고 잠이 든,
여섯 살 오후가 앉은 자리마다
퇴적된 냉기가 달라진다
밀림 속 삽상한 바람집엔
보람줄 걸쳐 놓고 잠귀 뜯는
남루한 청각이 시문은 퇴고하고
산경을 밀고 올라선 뭉게구름이
운석봉 정령들과 교유하며
푸른 힐링을 낭송하고 있었다
둥지를 물색 턴 물새가
햇살 파편을 온몸으로 받아들이는,
깽변에 서성이는 사래 긴 그늘이

귓속에 노래를 꽂아 놓고
꿈의 콘센트를 가만히 곁들인다
까무룩 햇살도 덩달아 잠이 든
그대 구릿빛 노독이 생떼 같은
여독을 온몸으로 받아들이고 있다

꼼짝없이 걸려든 나는
비로소 당신의 휴식에 취해 있었다

*경남 산청군 삼장면 석남리 송정 유원지

불타는 눈시울
−부산 몰운대 낙조 전망대에서

해무 덮인 낙동정맥이
산맥을 더듬거린다
한 생을 달음치고
한 달음이 주저앉은 몰운대
해 끝을 뿌리친 간망에도
빳빳한 눈초리는 곶 끝에 예리하다
베풀고 사는 갯벌에서
시름없이 뻗어오는 물뺨이
수심 깊은 파도를 잠재운다
낙조 진 눈에 이슬을 담고
애원하듯
마지막 한마디
딱 한마디 불타는 말을 남기고
딸깍 넘어가는 곶 끝마다에는
이제 막 생리통이 끝난 낮달이
부석부석한 시울을 부릅뜨고
일몰을 쫓고 있었다

4부

순천만 갈대

갈밭을 바라보면 괜시리 목이 길어진다
누구에게는 가위바위보가 되고
누구에게는 낭만의 곳간이 되고
또 누구에게는 뜨거운 품이 되는
순천만 갈밭
손차양 너머 먼 바라기에
흰 물갈기를 흩날리는 수평선이
그린 그림처럼 걸려 있었다
등이 닳은 바다에 등 떠밀린
개펄이 넓이를 비우며
소금의 시간을 꾹꾹 눌러 담는다
이리 쏠리고 저리 내딛는
고만고만한 키들이 서로에게
부담이 되지 않으려고
오래전 그날처럼
이미지를 빳빳하게 다려 입고 있었다
노래 제목이 짭조름해지도록
목청을 돋우는 갈대의 속삭임,

은결 정취에 만취된 재두루미 한 마리
자세를 벗어 들고 노을에 박제되어 있었다

꽃과 불
― 동백꽃

단호한 일별의 그루터기마다
검붉은 탄성이 낭자하다

통점의 비애로 만발한 꽃불이
식은 화두를 봄볕에 걸어 두었다

不立文字로 형형한
꽃의 잠언은 수다의 잔해,

검붉은 온도를 요구하는 정념은
피는 꽃보다 지는
꽃에서 더 열렬하다

볼거리를 앓는 동백숲엔
뜨거운 비명 몇 장 돋아나고

감정의 나대지엔 절정의 수다가
꽃말과 편먹은 석양에게
붉은 혀를 깨물리고 있었다

제비꽃 사설辭說

귀엣말을 곧추세우고
봄의 화두를 휘두르는 그 앞에
허리 굽히지 않을 재간이 없다
괄목을 열고 들어서면
많은 것을 요구하는 응석꾼
어둑어둑한 한벽처에서도
야무진 입담으로 정분나는 꽃술
작지만 화술만은 굉장하다
골목대장의 푸른 서슬, 때로는
제만 생각하라는 깍쟁이
성장통이 낫기 전에는
어느 누구도 그 앞에서는
키 자랑을 못 한다던,
얼마나 쌀쌀맞고 당돌한지
나도 모르게 주눅이 든다
골목의 음침한 푸념꺼리, 벌써
누군가의 먼 길을 앞장서고 있었다

허리를 꺾어 속삭여 보지만
내 넋을 호리던 그녀의 체취, 그때서야
나는 그녀에게 속달되었던,

할미꽃

생각의 무게를 견디지 못한
고개가 기도를 떨구고 있다

수정受精되지 않은 꽃말들이
뜨거운 문장에 포장되어,

할미꽃은 자세가 상노인이므로
어느 파파皤皤인들 그 앞에서
허리를 조아리지 않으랴

언덕을 베고 누운 묏등의
운명 같은 할미꽃,

윤이슬에 젖은 자줏빛 정열이
땅 밑 인기척을 봄볕으로 불러낸다

봄볕에 턱을 괸 비석이
수줍은 할미의 본관本貫을 지키고 있다

염라전 나졸들

한 생이 자벌레 반 뼘에도
못 미치는 촌각의 언저리에서
나이는 밤낮으로 거래되고
기대하지 않은 선물을
억지로 떠맡기곤 끝내
댓가를 챙기는 염라전 나졸들
나이는 神과 더불어
밑지는 장사는 안 한다
내 것이 아닌 내 것에 설레도
신은 이미 이쪽 편이 아니라는
전언으로 나이의 길이를 둘둘 말아
몸 밖으로 던져 버린다
풀잎에 이슬이듯
바람에 낙엽이듯
한낱 허무를 꼬옥 쥔 채
으쓱 시늉대답을 건네 놓는다
눈웃음 버티고 있는 내 붉은 시울엔
생에 한 번으로 족할 이별이 서려 있고,

지구별에 갇혀 있는 영혼들은
명부冥府의 호출을 못들은 체 한다

성성자惺惺子
– 덕산 산천재에서

정오의 햇살이
손차양을 들어올리는 순간
대갈일성 성성문에 다달았다

조심스레 발을 들이자
슬명한 차림의 노인 한 분이
좌중을 불러 세운다

선비의 향리 덕산촌

산을 능가할 정기精氣 없고
강을 능가할 공명空明 없다는데

문득,
할아버지의 쌈지에 방울 한 쌍
장도粧刀 한 자루,

대쪽 같은 기개와 격정열의에도
광분에 분칠된 덧없는 그 세월

도포 자락으로 흘러내리는 하얀 손짓 발짓이
북천 하늘을 훔치고 있었다

서리의 결기

발 맛이 좋다
서리꽃이 만발하고 귀가 쾌청하다
휘이고 엉겨붙기 좋아하는 내가
달팽이관을 수습하여 산보를 나서자
새벽 다섯 시가 알람을 따라나선다
숲정이 사잇길로 외발 계단이 달려가고
산악자전거가 사람 어깨를 메고 앞서간다
귀가를 서두르던 눈썹달이
산이마에 걸려 엎어진다
엎어진 새벽달
있으나 마나한 달빛이
흰 눈썹 휘날리며 지나가고
부서질지언정 휘지는 않는
서릿발의 결기,
발은 차도 머리는 항시 화창한
불을 삼킨 육각 서릿날이
결기로 저장된 저온창고에서
뜨거운 머리를 끄집어낸다

학춤

동작이 무게를 비껴갔으므로
삶에 통증은 없었겠다

하얀 나래 솟구치는
버선발 코신이 바람의
매듭 풀어헤친다

나부끼는 품새마다
하얀 선풍仙風이 일어,

학 다리 꼬고 앉은
침묵이 뜨거운 열화를 식힌다

우아한 집착이 또 다른
집착과 불현듯 마주치는,

하얀 동작의 귀태
하얄 때 더 어두워지는 나는
묵직한 은유의 깃을 펄럭이고 있었다

율무

휘일 줄을 모르는 나는
율무 밭을 지날 때마다
발자국을 땅에 심었다
넘어지면 일어서고야 마는 생불
율무는 반드시 일어선다
한 알의 염주와
한 알의 묵주와
한 알의 담주가
동시다발로 일어나는 신앙의 자세
마디를 품어 대쪽 같고
숱한 바람에도 아부하지 않는,
범속한 초목들과는 달리
질풍노도에 쓰러졌어도
자세라는 걸 잃지 않는다
주문과 술법과는 무관한 일념
율무는 내 업장소멸의 원력願力이다

애치리艾峙里*

오 리만큼 십 리만큼 가는 걸음으로
쑥고개 쑤-욱 올라서니

내 안에 작대기로 버티어 놓은
가파른 고샅이 검질기기만 하다

지붕 위 박꽃 사이로 어리는 얼굴

시절에 붙들린 골목이 요람을 흔들고
돌배나무 흠티 난 낱과는
나의 아린 추억을 도려내고 있었다

목이 긴 삽짝엔 못 잊을
얼굴들이 오래도록 서성이고
왕가뭄에도 마르지 않는 대동샘터가
첨벙첨벙 향수를 깃고 있었다

공중에 길을 얹은 艾峙가
등고선을 사려 내리고

기웃기웃만 하다가 내려오는
뒤꿈치가 아려 뒤가 떨어지지 않는다

양지 볕 손차양이 무겁기만 한데
열없이 누군가가 그립기만 하다

＊경남 하동군 횡천면 애치리 벽화마을.

칠불사 첨월각瞻月閣

토끼봉 면벽 삼은 지리산 칠불사
무릎 꺾인 정적에 싸여 있었다

山寺 첨월각 밝은 달 아래 앉아
염원 없이 명상에 깃드니 벌써
몸은 동공 지진에 매몰된 듯하다

명상의 소산인 사색이
담담한 운치로 일관되어 있는,

삽연한 바람의 교감에도
아무런 염원 없이 합장을 올렸다

마음의 균형에 투영된 명상
지리산 풍정이 사념의 흐름을 지향하는,

비의적秘儀的 자극을 부축하는
풍경이 나의 정수리를 여물고 있었다

달빛을 포개 덮은 누각이 유유범범을 좇아
알아챌 수 없는 자아의 길을 인도한다

성묘 길

山 지퍼를 열고 들어서면
이름 하여 비신골飛神谷이
음산한 비명을 엎질러 놓고
제 이름을 지키고 있다 그러나
이마를 찍어 내리는 소름에도
일진청풍 송뢰의 저 외침,
나는 거미줄에 포박되어
하루의 절반을 배상하고 풀려난다
귀 떨어진 골짝 후밋길에
말을 물을 수도 없고
산경도 덮어버린 웃자람에
얼혼까지 앗기고 나면
사위스런 예감이 땀벌창을 휘젓는다
빤한 가르맛길이 하루의 절반을
탕진하고도 또 그 절반을 내놓으란다
알자리를 찾아 메고 올라온
영혼 하나가 있는 힘을 다하며
아프고 질긴 혈육을 끌고 있다

호소력 짙은 메아리의 먼먼 소리가
부메랑처럼 피둥피둥 바쁜 맘에 빗장을 지른다

대마도에서

동남쪽, 귀 떨어진 변경邊境에
유배 섬 하나 설핏한 눈빛을 던진다

인적이 횡한 골목엔 모국어가 서투른
무궁화가 아는 체를 하고

신전 무석인의 희미한
웃음이 귀에 걸려 있었다

낡은 허공을 걸치고
붉게 떨어지는 석양이 제
그림자를 들고 허둥대자

오래 전 붙잡았던 손이
내처 놓아지지 않아
하염없이 발자국을 깁는다

다크투어리즘을 마중하듯
도리이*가 도열해 있었다

* 104

바람의 동선에 밑줄을 그으며
메모하던 山河가 아랫섬에 도착하자

유행가를 흥얼거리는 이즈하라가
저문 얼굴을 낱낱이 주워 담는다

선창을 통해 바라본 창문들이
흐느끼듯 깜박거리고 있었다

＊도리이(鳥居) : 흔히 붉은색을 칠하여 신사 입구에 세워둔, 신성한 장소임을 상징함.

운서산 장륙사

구름 경전이 무거워 산허리가 휘청인다
산소 파편이 따끔거리고
피상적 에너지가 흘러넘친다
산은 멀리를 가까이 두는
메아리의 거푸집이다
생전 처음인 마음이
부서진 정수리를 뜯어 고친다
사천왕과 호형호제하는
노송이 육자염불을 출렁이자
유체를 출타한 만다라가
은신의 귀소를 서두른다
풍경風磬 에너지가 뻗대도
산은 어깨를 풀지 않자
염화미소를 치장한 불두화가
유기농 보리심을 권장한다
바람은 바람끼리
나무는 나무끼리 산의 허기를 갈아끼운다

쪽빛 노을이 꿰맬 수 없는 외연과 내포 사이에서
방황하는 내 기도를 조용히 꾸짖는다

사성암 가는 길

    올려다보면 드높은 봉두에는 우뚝하니 엄전한
       하릴없는 불도량 처 우러러보이는데

쩍진 가파름에 얼핏 봐도
호락호락하지가 않는
유리광전 덤벙주초가
도량의 원력을 떠받치고 있었다

유리광전 현판을 간신히 들고 있는
가풀막이 가던 걸음 붙잡아 놓고
기도가피祈禱加被를 문득 들이대는,

허튼층쌓기 돌담이끼처럼 한자리 잡고
좌선하고 싶은 고샅이 단내 나는
내 혀를 절레절레 내두른다

청동녹이 번뇌마처럼 끼인 風磬이
화엄의 가르침을 따라나선다

도갑사* 풍경 소리

달 넘어온다
기슭이 화두인 도갑사,
절 한 채 우두커니 얹혀 있다

낮달과 마주앉은
차 한 잔의 미혹과
차 두 잔의 무애

포유류의 출입을 한사코 거부하는
산머리 드넓은 경내
일탈 한 그루 빳빳이 서서
銀빛살로 세신洗身을 한다

물 젖은 풍경소리가 대웅전 추녀를 말아 올리면
휘어진 달빛이 독백에 젖어 우는 날도 있다

비릿한 난간에 얹힌 낮달이
풍경 소리 속으로 잠적하면
청아한 경종이 울먹한 낙조를 따라나선다

뜨는 달만 있고 지는 달은 없는
월출산머리가 시방세계를 두리번거린다

＊전남 영암군 월출산 도갑사

마곡천* 극락교

도랑 하나 사이 두고
사바와 극락이 마주선다
한물간 주민증이 헐렁한 줄에 묶여
해탈문으로 끌려간다
사천왕 나무칼에 콧잔등이 써늘하다
입고 온 소리조차 벗고 들란다, 끝내는
사람은 벗고 그림자만 입장시킨다
그림자 소리까지 벗을 쯤에서
누가 내 등을 밟고 지나간다
뒤태가 마려워 뒤돌아보니
발자국이 이승 자락에 묶여 있었다
팽팽한 동선과 내가 줄다리기 하자
천년 노송이 긴 혀를 껄껄 찬다
휘파람새가 우짖는 능선을 감돌아
황해로 가던 봇도랑이 뒤돌아본다
울퉁불퉁한 소리가 도랑을 흔들어대도
이역을 넘나드는 극락교는 한 방향만 열고 있다
바짓가랑이에서는 가위소리가 나고
극락교 머릿돌에서는 타는 소리가 난다

바람도 햇살도 어쩌지 못한 극락의 영마루
두터운 그림자가 벗어 놓은 사람들
사람을 벗어던진 무형 사이즈만 들라는데
결코 덜어낼 수 없는 그림자들
그 검은 짐승들 때문에 쫓겨나고 말았다

＊충남 공주시 태화산 마곡사 마곡천

선암사 가는 길에서

추위가 생략된 초겨울
뜻밖에도 낮달이 요량 없이 따라온다
열반을 모의하러 가는 중생이
윗도리 하나씩 벗어던지는 산문 어귀
신앙의 세포가 증식하는
승선교 포물선 꼭짓점에 서서
조용히 자세를 가다듬는다
어느 도정에 들켜버린 낮달이
흐린 일상을 유인하는 하오
필연으로 얽힌 사바세계가
목까지 채워진 지퍼처럼
열반을 모의하러 가던 도반들
앞다투어 해우소부터 찾는다
노크하면 열리는 해우소,
우환이 쑤―욱 빠지고 나면
비로소 길이 보이고 부처가 생각난다
어차피 이승의 지도로는
찾아가기 어려운 신앙의 노정,

한 덩이 번뇌마가 시공의 경계를 허문다

해설

● 해설

언어의 연금술로 노래한 공허의 회생

김 한 빈
시인, 문학평론가

서문

이 시집은 언어와 존재, 기억과 망각, 신앙과 일상이라는 다층적 경계에서 흔들리는 자아를 탐구한다. 시적 화자는 흔들림을 결핍이 아니라 오히려 생성의 조건으로 사유하며, 그 불안정성 속에서 삶과 죽음, 허무와 초월의 의미를 재구성한다. 작품들에 나타나는 벽과 바람, 환청과 번뇌, 갈대와 협곡의 이미지는 모두 경계적이고 불안정한 기호들이지만, 바로 그 경계성 속에서 새로운 의미와 미학적 가능성이 발생한다.

이 해설은 개별 작품의 의미망을 분석함과 동시에, 전체 시집이 구축하는 사유의 지형을 드러내는 것을 목적으로 한다. 흔들림의 미학과 실존적 결단이라는 시집의 핵심 개념을 중심으로, 각 시편들의 상징과 장치가 어떻게 유기적으로 연결되며 하나의 세계관을 형성하는지를 검토할 것이다. 이를 통해 독자는 이 시집이 단순한 서정의 기록이 아니라, 언어와 존재의 본질을 성찰하는 철학적 기획임을 확인하게 된다.

1부

시집의 1부는 기억과 망각, 현실과 허상의 경계에서 발생하는 존재론적 불안정성을 탐구하는 장으로 기능한다. 「향수」에서 도깨비와 저승사자의 허상은 과거와 현재를 상실한 존재를 드러내며, 향수 자체를 허구적 감각으로 환기한다. 「문장의 벽」은 언어가 구축하는 질서와 그 해체의 긴장을 보여주며, 언어의 정치성과 폭력성을 드러내는 동시에 의미 생성의 가능성을 탐색한다. 「바람의 옷」은 정체성의 불안정성을 바람의 이미지로 형상화하면서, 타자와의 관계 속에서 흔들림을 긍정하는 미학적 전환을 제시한다. 이어 「비몽사몽」과 「환청」은 꿈과 현실, 환영과 생시의 모호한 경계를 파고들며, 불면과 환청을 단순한 병적 현상이 아니라 내면의 언어이자 실존적 체험으로 드러낸다.

이러한 시편들은 모두 흔들림과 불안정성을 결핍이 아니라 생성의 조건으로 전유한다는 점에서 공통된다. 벽, 바람, 환청 같은 매개적 이미지들은 언어와 존재가 결코 고정되지 않음을 상징하며, 바로 그 흔들림 속에서 새로운 사유와 미학적 가능성이 솟아난다. 따라서 1부는 시집 전체의 서두에서 "흔들리는 세계와 흔들리는 자아"라는 문제의식을 선취하며, 이후 전개될 시적 세계관의 이론적 토대를 마련하는 서곡序曲으로 기능한다.

> 별이 총총해 소름 치는 밤
> 도깨비 허담은 향수의 공범이었다
> 자신의 과거를
> 기억하지 못하는 저승사자와
> 현재를 기억하지 못하는 도깨비
> 저승사자와 도깨비의 허상
> 도깨비 허상은 구체적이고
> 저승사자 허담는 사실적인
> 시쳇말들 그
> 시쳇말이 집요하게 향수로 빨려든다
> 나이테 회로를 확장하는
> 따끈따끈한 전율
> 퇴직한 저승사자가
> 향촌 오두막에 앉아
> 도깨비인 나를 기다리고 있다
> 푸른 달빛이 시신경을 풀어 놓자
> 나의 향수가 도깨비에게 연행되고 있었다
>
> ― 「향수」 전문

이 시는 전통적인 향수鄕愁의 정조를 단순한 고향 그리움으로 환원하지 않고, 신화적 상상력과 죽음의 이미지를 결합하여 새롭게 변주한 작품이다. 시 속에는 '도깨비'와 '저승사자'라는 한국적 상징이 등장한다. 그러나 그들은 익숙한 설화적 인물이 아니라, 기억의 결핍을 안은 존재들로 형상화된다. 저승사자는 과거를 기억하지 못하고, 도깨비는 현재를 기억하지 못한다. 이처럼 시간의 층위를 단절 당한 두 존재는 '허상'으로 나타나며, 이는 결국 향수가 현실에 발 딛지 못한 허구적 감각임을 드러낸다.

특히 시인은 '시쳇말'과 '나이테 회로' 같은 구체적이고 일상적인 표현을 병치하여, 향수가 단순한 정념이 아니라 언어적·신경학적 회로 속에서 작동하는 복합적 체험임을 암시한다. '따끈따끈한 전율'이라는 감각적 표현은 향수가 단순히 추억의 차가운 그늘이 아니라, 살아 있는 신경적 반응임을 보여준다. 따라서 이 시에서 향수는 과거의 그리움이라기보다는, 기억과 망각의 긴장 속에서 새롭게 발생하는 존재론적 전율이다.

마지막 연에서 "퇴직한 저승사자"와 "향촌 오두막"은 현실적 장면을 제공하지만, 곧바로 "푸른 달빛이 시신경을 풀어 놓자/ 나의 향수가 도깨비에게 연행되고 있었다"라는 몽환적 전환으로 이어진다. 여기서 향수는 자발적 감정이 아니라, 타자적 힘에 의해 끌려가는 상태로 나타난다. 이는 곧 향수를 단순한 주체적 그리움이 아니라, 언어·기억·상징체계가 우리를 포획하는 힘으로 바라보는 시적 통찰이다.

요컨대, 「향수」는 향수를 고향의 정서적 추억에서 탈피시켜, 망각과 기억의 간극, 허상과 사실의 교직,

언어적 회로의 전율로 재해석한다. 이는 전통적 정조를 현대적 감각으로 전환한 시인의 미학적 성취라 할 수 있다.

> 갈기를 세운 바람이
> 벽을 한 장 한 장 뜯어내고 있었다
>
> 벽의 내공이 들춰질 때마다 벽은 그렇고 그런 면과 그저 그런 면 사이에서
> 광활한 면벽의 시야가 나풀거렸다
>
> 일력처럼 뜯겨진 문장의 벽에 피곤한 심신을 기대어 놓기도 했던,
> 면벽이 내민 빈손은 언제나 미완의 자문이었다
>
> 유체이탈의 건조한 웃음이 무소유를 내비칠 때마다
> 문장의 벽은 비틀거렸다
>
> 매찬 바람에도 흔들리지 않는 문장, 밤새 시끄럽게 쌓이던 레시피가 바람벽을 가슴에 묻자
> 벽속 길들이 꿈틀거리고 포효하는 종지부가 문장의 벽에 휴지부를 묻어 두었던,
>
> 형용사의 행간마다 무거운
> 여백을 빻는 붓방아가 사색들과
> 입씨름을 하고 있었던 것일까
>
> 외쳐 대던 문장의 벽들이
> 조절되지 않는 분노를 자간에 매립해 버린다
>
> ― 「문장의 벽」 전문

이 시는 언어와 존재의 긴장 관계를 '벽'이라는 은유로 드러낸 작품이다. 바람이 벽을 뜯어내는 장면은 물리적 풍경을 넘어, 언어 구조를 해체하는 힘으로 읽힌다. '문장의 벽'은 우리가 의존하는 언어적 질서이며, 동시에 사고와 감각을 가로막는 한계이기도 하다. 시인은 벽의 균열과 붕괴 과정을 통해 표현과 침묵, 의미와 무의미 사이에서 흔들리는 문학적 존재론을 탐구한다.

특히 '그렇고 그런 면과/ 그저 그런 면 사이'라는 구절은 언어가 진리를 포착하기보다는 진부한 반복과 무력한 변주에 머물 수 있음을 풍자한다. 그러나 동시에 '광활한 면벽의 시야'라는 역설적 이미지가 드러내듯, 그 무력함 속에서도 언어는 새로운 시야와 사유를 열어젖힌다. 따라서 '문장의 벽'은 단순한 장애물이 아니라, 사유를 촉발하는 긴장된 경계이다.

후반부에서 '형용사의 행간', '무거운 여백', '붓방아', '자간' 등은 모두 문학적 장치와 기호학적 구조를 암시한다. 이는 언어가 단순히 의미를 전달하는 매체가 아니라, 끊임없이 의미를 빻고, 다투고, 분노를 매립하는 생성적 과정임을 보여준다. 문장은 고정된 진술이 아니라, 늘 바람에 흔들리고 해체되며 다시 세워지는 유동적 존재인 것이다.

마지막에 이르러 '문장의 벽들이/ 조절되지 않는 분

노를 자간에 매립해 버린다'는 결말은 언어가 결코 중립적이지 않음을 드러낸다. 언어는 억눌린 정념과 분노를 품고 있으며, 그것을 공백(자간)에 은닉한 채 표면적으로는 정돈된 질서를 가장한다. 이 지점에서 시인은 언어의 정치성과 폭력성을 은근히 드러낸다.

따라서 「문장의 벽」은 언어를 단순한 소통의 수단으로 보지 않고, '표현과 침묵, 생성과 억압이 교차하는 장(場)'으로 파악한다. 이는 시인의 언어관이 지닌 비평적·철학적 깊이를 보여주며, 일반 독자에게도 "언어는 늘 흔들리는 벽이자, 그 틈에서 새로운 시야를 여는 창"이라는 깨달음을 남긴다.

> 바람은 언제나 내가 헐렁하다고 했다
> 아무에게나 맞는 바람의 옷이
> 아무에게도 맞지 않는 나를 바꿔 입는다
>
> 바람에 바람난 바람은 가만있는데
> 나만 혼자 헐렁댔다
> 나와 바람과는 은밀한 대척 관계,
> 바람은 방법으로 펄럭이는데
> 나는 수단으로 나풀댄다
>
> 온몸이 바람인 풍경이 파랑주의보에 허둥댄다
> 주의보를 남발한 깃발이 로망의
> 포구로 불시착을 서두른다
> 닻은 내리지 않았다
> 흔들리고 보자는 나는
> 내릴 닻이 없었다

> 바람 한 벌의 나
> 바람 두 벌의 그녀
> 그녀의 숨은열에 그나마 한 세월,
> 나는 세월의 등고선을 간신히
> 삶의 등온선으로 바꿔치기했다
>
> 바람 한 마리 나래를 펴고 나의 등온선을 두루
> 선회하고
> 잇바디가 좀좀한 석류가 아람을 벌었다
>
> — 「바람의 옷」 전문

이 시는 바람이라는 자연적 이미지를 통해 존재의 불안정성과 정체성의 흔들림을 형상화한다. 첫 구절 "바람은 언제나 내가 헐렁하다고 했다"는, 시적 자아가 고정된 자아상을 가지지 못하고 항상 느슨하게 흔들리는 존재임을 드러낸다. '아무에게나 맞는 바람의 옷'은 보편성의 은유처럼 보이지만, 정작 그것은 '아무에게도 맞지 않는' 아이러니를 품고 있다. 바람은 모두를 감싸지만, 누구에게도 완전히 귀속되지 않는다는 점에서, 이는 존재의 부적합성과 고독을 비유한다.

중반부에서 시인은 바람과의 관계를 '은밀한 대척 관계'라 규정한다. 바람은 '방법'으로 펄럭이고, 나는 '수단'으로 나풀댄다. 여기서 바람은 자율적이고 능동적인 자연의 원리, 자아는 그것에 휘둘려 흔들리는 수동적 존재로 대비된다. 그러나 바로 이 대척적 긴장이 삶을 지속시키는 동력으로 작용한다. '온몸이 바람인 풍경'은 자기 존재가 이미 바람에 동화되었음을 의미하지만, 동시에 그것을 의식하기에 갈등이 발생한다.

'닻은 내리지 않았다/ 흔들리고 보자는 나는/ 내릴 닻이 없었다'라는 구절은, 시적 자아가 정착과 귀속을 거부하는 존재임을 암시한다. 바람은 유랑과 떠돎의 상징이며, 시인은 그것을 의도적으로 받아들이며 '흔들림 자체'를 존재 방식으로 삼는다.

후반부에서 '바람 한 벌의 나'와 '바람 두 벌의 그녀'가 병치된다. 그녀는 사랑과 타자의 은유로 등장하며, 시적 자아의 삶을 다른 결로 바꾸어 놓는다. '세월의 등고선'을 '삶의 등온선'으로 바꿔치기했다는 대목은, 시간의 단순한 흐름(등고선)을 '정서적 온기와 관계의 차원(등온선)'으로 변환한 경험을 말한다. 즉, 사랑의 경험을 통해 삶은 '고도'가 아닌 '온도'의 지형으로 다시 그려진다.

마지막 '잇바디가 촘촘한 석류'의 이미지는 결실과 충만의 상징이다. 바람에 휘둘리며 흔들리는 삶이라 해도, 타자와의 관계 속에서 결국은 풍요와 열매를 맺을 수 있다는 희망적 결말로 시는 닻을 내린다.

따라서 「바람의 옷」은 흔들림과 불안정성을 존재의 결핍으로만 보지 않고, 타자와의 관계 속에서 풍요로움과 성숙으로 전환하는 과정을 그린 시라 할 수 있

다. 이는 시인이 보여주는 삶의 통찰이자, 존재의 긍정을 향한 미학적 제안이다

> 어제는 저승사자를 따라다니다
> 어느 숨가쁜 적막에서 나를 놓치고 말았다
>
> 보폭이 다른 당신을 좇았지만
> 홀로 빈 뜰에 버려진 나는
> 칼날처럼 날카롭게 서 있었다
>
> 선잠에 돛을 달아 밤새 따라가 보려 했던
> 발길은 어느새 종적을 감춘 채였다
>
> 서슬 푸른 나락의 벽 앞에 다다른
> 나는 저승행 기차를 타려 했지만 꿈길이 저물어
>
> 꿈속 발자국을 두 손에 나눠 들고 가는
> 거기가 어디길래 밤마다 잠귀를 뜯기는지,
>
> 생시 같은 몽상에
> 어수선한 잠자리를 개비며
> 자명종처럼 눈을 떴다
>
> 핏기 없이 내 곁에 와 누워 있던
> 달빛이 비칠비칠 걸어가고 있었다
>
> — 「비몽사몽」 전문

「비몽사몽」은 제목 그대로 꿈과 현실의 경계, 곧 의식의 불투명한 층위를 탐구한 작품이다. 첫 구절의 '저승사자를 따라다니다'라는 진술은 꿈속에서 죽음의 세계를 건너는 체험을 전제로 삼는다. 그러나 곧 "숨 가

쁜 적막" 속에서 자아는 저승사자의 보폭을 잃고, "빈 뜰에 버려진" 존재로 남는다. 이는 삶과 죽음의 경계에서 미끄러지는 불안정한 의식을 형상화한다.

　화자는 '선잠에 돛을 달아 밤새 따라가 보려 했던 발길'을 좇지만, 그 발자취는 종적을 감춘다. 잠과 꿈은 단순한 휴식이 아니라, 존재를 시험하는 항해로 비유된다. 그러나 그 항해는 끝내 "서슬 푸른 나락의 벽"에 다다라 좌절하고, 꿈속의 저승행 기차 역시 끝내 오르지 못한 채 현실과 환영 사이의 중간 지대에 머무른다.

　특히 "꿈속 발자국을 두 손에 나눠 들고 가는"이라는 표현은, 기억과 망각 사이에서 파편화된 흔적을 붙잡고 방황하는 자아의 처지를 선명히 드러낸다. 꿈은 흔적만 남기고 흩어지며, 자아는 그 잔해를 붙잡은 채 떠도는 것이다. 이러한 상태는 곧 비몽사몽의 본질, 즉 의식의 분열과 무력감을 압축한다.

　후반부에서 "생시 같은 몽상"과 "자명종처럼 눈을 떴다"는 구절은 현실과 꿈의 경계가 무너져 서로 침투하는 순간을 보여준다. 달빛조차 "핏기 없이 내 곁에 와 누워 있다가 비칠비칠 걸어가고 있었다"는 결말은 현실조차 비몽사몽처럼 유령화되고 있음을 암시한다. 달빛은 죽음의 상징인 동시에, 미약하나마 삶의 빛이기도 하다.

　따라서 이 작품은 단순한 꿈의 기록이 아니라, 존재

의 중간 지대를 탐색한 시라 할 수 있다. 죽음의 유혹과 현실의 생기가 충돌하는 자리에서 자아는 어느 쪽에도 속하지 못한 채 부유한다. 이는 곧 우리의 일상이란 깨어 있음과 잠, 현실과 환영 사이에서 끊임없이 흔들리는 비몽사몽의 상태라는 시인의 자각을 드러낸다.

이러한 경계적 체험은 하이데거가 말한 '죽음을 향한 선취(Vorlaufen zum Tode)'와도 맞닿는다. 화자는 저승사자를 쫓지만 끝내 따라잡지 못하고, 저승행 기차에 오르려 하지만 현실로 되돌려진다. 죽음은 사건으로 주어지는 것이 아니라, 언제나 다가오되 결코 붙잡히지 않는 가능성으로 경험된다. 비몽사몽의 부유 상태 속에서 화자는 죽음을 앞당겨 살아내며, 그 속에서 자기 실존의 고유한 자각을 드러낸다.

> 끝내 소리를 누설하지 않는
> 공명통이 나팔관을 긴장시킨다
> 동심에 머물던 흰 달빛이
> 생각의 어귀마다 걸음을 세워 놓고
> 나의 노경을 협상하듯 되씹는다
> 그럴 때마다 이석이 노글노글하고
> 호듯속 같은 미로가 활활 탄다
> 야광시계가 불면을 호소하는 밤
> 모든 향방이 회오리에 감겨 있다
> 어둠에 교차되는 초침이
> 긴장된 고요를 하얗게 비우며

> 알람을 흔들어 어둠을 깨운다
> 어둠을 수거해 가던 청소차가
> 종소리 한 개 내려놓고 떠나자
> 불면에 취한 환청이
> 소리를 분질러 어둠을 불사르는,
> 무방비의 침묵과 반수상태 현기가
> 대책 없이 울부짖는다
>
> - 「환청」 전문

 이 시는 청각적 감각과 불면의 심리를 정교하게 포착한 작품이다. 제목 '환청幻聽'이 암시하듯, 실제 소리가 아니라 내면에서 들려오는 환영의 소리가 중심에 놓인다.

 첫 구절 "끝내 소리를 누설하지 않는/ 공명통이 나팔관을 긴장시킨다"는 청각 기관 내부의 긴장과 울림을 형상화한다. 공명통과 나팔관 같은 해부학적 어휘는, 환청이 단순히 심리적 현상이 아니라 신체적·생리적 긴장과 결부되어 있음을 드러낸다. 이는 독자로 하여금 감각의 불안정성을 실감하게 한다.

 이어 "동심에 머물던 흰 달빛이/ 생각의 어귀마다 걸음을 세워 놓고/ 나의 노경을 협상하듯 되씹는다"는 구절은, 환청이 단순히 소리의 착각이 아니라 시간과 기억의 굴절과도 관련되어 있음을 보여준다. 달빛은 과거의 동심과 현재의 노년을 매개하며, 환청을 존재론적 협상의 장으로 확장한다.

중반부의 "야광시계가 불면을 호소하는 밤/ 모든 향방이 회오리에 감겨 있다"는 부분에서 시인은 환청의 경험을 불면증적 시간 감각과 결부한다. 시계 초침이 '어둠을 비우며 알람을 흔들어 깨운다'는 장면은, 현실의 고요와 내면의 불안을 동시에 뒤흔드는 환청의 특성을 잘 드러낸다.

마지막 연에서 "불면에 취한 환청이/ 소리를 분질러 어둠을 불사르는" 대목은 환청을 파괴적이면서도 창조적인 현상으로 제시한다. 소리를 '분질러' 어둠을 '불사른다'는 역동적 이미지 속에서, 환청은 단순한 착청이 아니라 무방비의 침묵을 깨뜨리는 실존적 외침으로 드러난다. 나아가 "반수상태 현기"라는 구절은 깨어 있음과 잠, 현실과 환영의 경계가 무너진 중간 지대의 의식 상태를 선명하게 포착한다.

따라서 「환청」은 단순한 불면의 경험을 넘어서, 신체와 기억, 시간과 의식의 균열을 드러내는 작품이다. 환청은 병적 증상이 아니라, 인간이 침묵과 어둠 속에서 마주하는 내면의 언어로 해석된다. 이 점에서 이 시는 감각의 불안정을 존재론적 사유로 끌어올린 미학적 성취라 할 수 있다.

2부

2부의 시편들은 종교적 상징, 기호, 향토적 풍경,

일상의 사물들을 매개로 하여 인간 실존의 태도와 한계를 탐구한다. 「벼락과 십자가」는 초월적 상징으로서의 종교적 기표가 더 이상 절대적 권위를 지니지 못하고, 주체적 결단의 벼락으로 전환되는 과정을 보여준다. 「푯말의 자세」는 삶의 방향을 규정하는 기호 체계의 억압과 허무를 드러내며, 언어와 표지가 지닌 규제적 성격을 비판한다. 「벌교포구에서」는 향토적 풍경과 갈대의 이미지를 통해 모정과 포용의 정서를 회복하면서, 자연이 지닌 삶의 은유적 힘을 부각한다. 마지막으로 「못의 일생」은 고립과 집착을 상징하는 못을 통해, 구부러지지 않고 끝내 썩어가는 태도를 존재의 윤리적 결단으로 제시한다.

이처럼 2부의 작품들은 모두 외부적 기표(종교·기호·향토·사물)를 매개로 자아의 존재 방식을 성찰한다는 공통점을 가진다. 신성은 균열되고, 푯말은 허무에 이르게 하며, 갈대는 삶을 품고, 못은 고집스러운 직립으로 소멸한다. 이러한 긴장과 대비 속에서 시인은 존재를 둘러싼 다양한 기호적·상징적 질서를 드러내고, 그것을 단순히 수용하지 않고 비판적으로 전유하거나 전복한다. 따라서 2부는 삶과 죽음을 초월적 권위가 아닌 주체적 태도의 선택으로 재규정하며, 시집 전체 세계관에서 중요한 전환점이 된다.

불어터진 종소리가 등 떠미는 밤이면

저주 없는 어둠을 찔러 대는
초침 소리가 밀린 꿈에 붙들린
교회당 성호를 허공에 걸어 둔다

눈길에 붙들린 번개표 찰나가
우레를 벼려 하늘을 베어 버리자

쩍 갈라진 하늘
십자가가 무봉 취합을 한다

선 채로 의관 정제한 종각이
후광에 걸쳐진 전율을 밀치고
아껴 두었던 손목을 끌어당긴다

휠렁한 사내의 살찬 눈빛도
가시가 돋친 듯

여명 빛 깃털이 심안心眼에 까끄리하다

찰나를 베는 번갯날에도
잘리지 않을 초침소리

어둠의 돈대에서 더 이상 신앙을
청탁하는 우는 범치 않겠다는
십자가의 소리 없는 아우성이
나의 벼락이기를,

— 「벼락과 십자가」 전문

이 시는 종교적 상징과 자연의 격렬한 이미지가 교차하는 장면을 통해, 신성에 대한 긴장된 사유를 드러낸다. 첫머리의 "불어터진 종소리"는 성스러운 기호가 이미 진부해지고 균열된 상태임을 암시한다. 종소리와 초침소리가 교차하며, 초월적 질서와 일상의 시간성이 충돌한다. 이어서 번개와 우레, 갈라진 하늘의 장면은 종교적 권위(십자가)가 더 이상 안정적인 초월의 기표가 아님을 드러내며, 오히려 벼락과 함께 격렬한 파열 속에 위치한다.

"선 채로 의관 정제한 종각"은 신앙의 질서를 상징하지만, 곧 '후광에 걸쳐진 전율'과 '끌어당기는 손목' 같은 불안정한 이미지에 잠식된다. 이는 신성의 질서가 결코 절대적이지 않음을 시각화한다. 이어지는 "여명빛 깃털이 심안에 까끄리하다"는 표현은, 신성의 빛조차 자아의 내적 눈을 찌르며 고통과 긴장을 유발한다는 점을 시사한다.

마지막 연에서 시인은 "어둠의 돈대에서 더 이상 신앙을 청탁하는 우는 범치 않겠다"고 선언한다. 이는 타율적 신앙을 거부하고, 십자가의 침묵을 자기 존재의 벼락으로 전환하려는 의지의 표명이다. 벼락은 신의 징벌이나 외부적 초월의 힘이 아니라, 시적 자아의 내면에서 솟아나는 주체적 힘으로 자리한다.

따라서 「벼락과 십자가」는 종교적 상징을 비판적으로 전유하면서, 신성에 의탁하는 신앙을 넘어서는 실존적 결단을 노래한다. 종교적 기표가 균열되는 자리에서 자아는 스스로 벼락이 되기를 선택하며, 이는 곧 시인이 제시하는 새로운 초월의 방식, 즉 자기 존재의

힘으로 삶과 죽음을 감당하려는 결단으로 해석된다

    푯말의 어깨를 살짝만 스쳐도
    나의 주인은 엉뚱한 곳에 배달되곤 했었다

    푯말은 자세가 말뚝이므로
    어느 말(言)을 묶어 놓아도
    고삐 풀릴 일은 없겠다

    헝클어진 횃선을 말뚝처럼 꾸짖는
    전언이 발을 동동거리자

    혹시나 했던 나의 누군가가
    푯말의 말씀을 네비에게 건네자
    앵두 같은 음성이 막막한 생을 유턴하라며
    가던 방향을 찢어 버린다

    무서운 집착 앞에 직진과 유턴은
    완벽하게 물질적이고 완벽하게 이질적이다

    낡은 인생에 먼저 도착한 허무가
    빈 그릇처럼 앉아 있었다

                        - 「푯말의 자세」 전문

  이 시는 언어, 표지, 방향을 상징하는 푯말을 통해, 삶의 길과 의미의 배치가 어떻게 결정되고 흔들리는지를 성찰한다. 첫머리에서 "푯말의 어깨를 살짝만 스쳐도/ 나의 주인은 엉뚱한 곳에 배달되곤 했었다"라는 구절은, 표지 하나의 작은 흔들림이 삶의 행로를 전혀 다른 곳으로 이끌 수 있음을 드러낸다. 푯말은 단순한 사물이 아니라, 의미와 방향의 결정적 장치로 기능한다.

"푯말은 자세가 말뚝이므로/ 어느 말(言)을 묶어 놓아도/ 고삐 풀릴 일은 없겠다"라는 대목은, 푯말이 언어와 결합하면서 단단히 고정된 질서를 상징함을 보여준다. 여기서 푯말은 말과 사유를 고정시키는 기표이며, 그 앞에 선 자아는 그 질서에 종속된다. 그러나 바로 이어 "헝클어진 행선을 말뚝처럼 꾸짖는 전언"은, 그 고정성이 오히려 억압과 명령의 형태로 다가온다는 점을 암시한다.

시의 중반부에서 "네비에게 건네자/ 앵두 같은 음성이 막막한 생을 유턴하라"는 장면은 현대적 삶의 아이러니를 잘 보여준다. 푯말은 더 이상 물리적 기호에 그치지 않고, 네비게이션이라는 기계 음성으로 전환되며, 우리의 행로를 규제한다. 이때 "직진과 유턴"은 단순한 길의 선택이 아니라, 존재의 결단과 삶의 궤도의 변환을 은유한다.

마지막 구절 "낡은 인생에 먼저 도착한 허무가/ 빈 그릇처럼 앉아 있었다"는, 푯말이 지시하는 길 끝에 도달했을 때 기다리고 있는 것이 결국 허무라는 사실을 드러낸다. 이는 푯말이 결코 확고한 구원이나 의미의 보증이 될 수 없음을 보여주며, 삶의 방향 지시가 근본적으로 허무와의 대면으로 귀결됨을 암시한다.

따라서 「푯말의 자세」는 삶의 행로를 안내하는 기호

(푯말)를 통해, 언어와 기호가 지배하는 현대적 존재의 조건을 비판적으로 성찰한 작품이다. 푯말은 방향을 제시하지만, 그 끝은 허무이며, 시인은 바로 그 허무를 응시하는 자리에서 새로운 의미를 모색하려 한다.

>벌교포구 은결 갈숲에는
>정분나는 늘품이 섶비빔질을 하고 있었다
>논병아리 어미 품에 몸을 숨기듯
>바람벽이 되어 주는 갈대숲
>산다는 것이 결국은
>누군가의 바람벽이라는 것을
>갈대는 알고 있었을까
>시월을 갈무리하는 갈꽃
>삶의 방식을 개평놀음에 맞춰 놓고
>갈대의 품을 헤치고 들어가면
>수런거리는 시월의 갈잎 소리가
>여인의 품속 같아 젖은 눈이 감뜨인다
>모정의 그리움이 강대로
>선득대는 포구엔 푸수한 사투리가
>익어 가고 고개 숙인 갈대 이삭이
>하얀 칼라를 세우고
>그 시절에서 서성이고 있었다
>보조형용사를 자처한 은결 풍광이
>시끄러운 바다를 미동으로 품어 안는다

― 「벌교포구에서」 전문

이 시는 벌교라는 특정 지역적 공간을 배경으로 하면서, 자연과 인간, 삶의 상징적 교직을 갈대숲과 포구의 풍경 속에 담아낸다. 첫머리의 "벌교포구 은결 갈숲"은 고유명사와 방언적 어휘를 병치하여, 시적 공간에 구체성과 향토성을 부여한다. 갈대숲은 단순한 풍경을 넘어, "논병아리 어미 품에 몸을 숨기듯" 바람벽이 되어 주는 존재로 제시된다. 이는 곧 보호와 위안의 은유이며, "산다는 것이 결국은 누군가의 바람벽"이라는 구절로 확장된다. 갈대는 연약하지만, 바로 그 연약함으로 삶의 바람을 막아주는 타자의 역할을 수행한다.

시의 중반부는 계절의 전환과 정서적 울림을 교직한다. "시월을 갈무리하는 갈꽃"은 생의 한 장을 정리하는 이미지로, 갈대는 '삶의 방식을 개평놀음에 맞춘' 존재로 등장한다. 이는 전통적인 놀이와 삶의 리듬을 통해, 갈대가 단순한 식물이 아니라 인간 삶의 리듬과 함께 호흡하는 존재임을 보여준다. 그 갈대숲 속으로 들어가면 "수런거리는 시월의 갈잎 소리"가 "여인의 품속"처럼 느껴지며, 모정의 그리움으로 이어진다. 이때 갈대는 단순한 자연물이 아니라, 모정·향토·기억이 응축된 상징으로 승화된다.

후반부에서 "포구엔 푸수한 사투리"가 익어간다는 표현은, 공간이 단순한 자연 풍광이 아니라 언어적·문화적 기억의 장임을 드러낸다. 고개 숙인 갈대 이삭은 "하얀 칼라를 세우고/ 그 시절에서 서성이고 있었다"라는 구절을 통해, 과거의 기억과 현재의 풍경을 이어주는 매개로 기능한다. 마지막 구절 "보조형용사를 자처한 은결 풍광이/ 시끄러운 바다를 미동으로 품어 안는다"는, 갈대숲이 포구의 시끄러운 바다조차 포용하는 힘을 지녔음을 암시한다. 이는 미약해 보이는 갈대가 오히려 거대한 자연과 인간의 삶을 품어내는 상징적 울림을 가진다는 점에서 역설적이다.

결국「벌교포구에서」는 향토적 풍경을 시적 무대로 삼으면서, 갈대를 모정과 그리움, 보호와 포용의 상징으로 형상화한 작품이다. 자연과 인간의 삶이 교직되는 순간, 갈대는 그 자체로 삶의 은유가 되며, 독자로 하여금 고향과 모정, 그리움이라는 정서적 울림을 함께 느끼게 한다.

  녹슨 못대가리의 침묵,
  저 집요한 집착들이
  일심전력을 쿵쿵 못질한다

  냉기로 번지는 망치의 전언
  싸늘한 고립의 방식을 고수하는

  자세의 우듬지에
  동작의 목록이 얹혀 있었다

  자리 한 번 옮길 줄 모르는 못의 일생
  수명을 바쳐 자세를 지키는 외골수

  마치질 소리를 뒤채던 쉼표가
  붉은 결백을 꽝꽝 묻어버리자

  동사형으로 구부러지는 직립

자화상의 정수리가 매서워진다

주야장천 한 자세만을 거느리며
직립을 주창하는 못은 생각하는 갈대

육식성 소리를 꽝꽝 받아낸 못은
박혀 썩을지언정 구부려지기는 싫어
온 힘을 다해 썩고 있는 것이다

─ 「못(釘)의 일생」 전문

이 시는 못이라는 일상적 사물을 통해 고집스러운 생의 태도와 존재의 고립성을 형상화한 작품이다. 첫머리의 "녹슨 못대가리의 침묵"은 이미 낡고 소외된 존재임에도 불구하고, 그 자리를 고수하는 강인한 집착을 드러낸다. '일심전력을 쿵쿵 못질한다'는 표현은, 삶이란 결국 반복된 타격 속에서 고정되는 것임을 상징한다.

못은 자리에서 한 번도 옮기지 않는 존재로, "수명을 바쳐 자세를 지키는 외골수"로 묘사된다. 이는 인간의 삶에서 흔히 비난받는 완고함이나 고집을, 오히려 자기 정체성을 끝내 포기하지 않는 결단으로 승화시킨 표현이다. 망치질 속에서 묻히는 붉은 결백, 쉼표 뒤에 이어지는 직립은, 못이 단순한 물질이 아니라 존재의 윤리적 은유로 자리하는 순간이다.

후반부에서 시인은 못을 "생각하는 갈대"로 역설적으로 비유한다. 파스칼의 사유를 변주하듯, 흔들리지 않는 직립의 태도를 지닌 못을 사유적 존재로 격상시킨다. 그러나 이 못은 바람에 흔들리는 갈대와 달리, "박혀 썩을지언정 구부러지지 않으려는" 강경함을 지닌다. 이는 곧 삶의 본질을 **'구부리느니 차라리 썩겠다'**는 극단의 의지로 정의하는 방식이다.

「못의 일생」은 흔들리지 않는 자세, 끝내 구부러지지 않는 고집스러움을 존재의 비극적 아름다움으로 해석한다. 못은 결국 썩어 사라지지만, 그 소멸조차 자신이 지켜온 자세를 증명하는 결말이 된다. 따라서 이 작품은 존재의 고립과 집착을 단순히 부정하는 대신, 그것을 삶의 정직함과 의지의 형식으로 긍정하는 시인의 미학적 태도를 보여준다.

3부

3부의 시편들은 불교적 사유, 향토적 상징, 그리고 자연의 장엄한 풍광을 매개로 하여 존재의 번뇌와 초월, 허무와 회생을 탐구한다. 「번뇌 한 짐 벗어 놓고」와 「소신공양」은 불교적 공간과 의례를 통해 번뇌의 짐을 내려놓는 체험, 차 한 모금 속에서 성불을 마주하는 일상의 깨달음을 형상화한다. 이어 「허수아비의 이력」은 농경의 추억과 현대의 소외를 교직하며, 허수아비를 달마적 웃음을 짓는 존재로 승화시킨다. 마지막 「금강대협곡」은 백두산 협곡의 압도적 풍경 속에서 자

아가 무너지고 다시 일어서는 실존적 회생의 경험을
드러낸다.

  이들 작품은 공통적으로 초월적 질서와 자연, 허무
의 상징들을 존재의 실존적 태도와 연결한다. 불교적
공空 사유, 허수의 무위, 자연의 압도적 장엄은 모두
인간을 위축시키는 동시에 다시 일으켜 세우는 힘으로
작동한다. 따라서 3부는 시인이 종교와 자연, 일상의
상징을 전유하여, 존재가 번뇌와 허무 속에서도 새로
운 각성과 회생을 이룰 수 있음을 보여주는 장場으로
기능한다.

    버거웠던 번뇌 넝큼 받아드는
    거조암 명부전에 들어서면

    528나한의 흔들림 없는 눈매에
    나(我)라는 것들의 덧없는 인연

    행여 목쉰 부름 같아
    지켜볼 수밖에 없었던,

    선계에 어린 풍경 소리가
    닫힌 산문을 열어젖힐 때면

    산허리 휘어잡는 구부정한 소나무가
    이승의 겨운 소원을 대변이라도 하듯

    쉼 없이 생동하는 정령들에
    생떼 없으려나 빈손을 모아 본다

    번뇌 한 짐 부려놓고
    슬며시 다가서 오는 허공의 빈 지게,

> 선듯 내민 빈손에
> 없어도 있는 그대의 뭉클한
> 이 환영의 설렘……
>
> ― 「번뇌 한 짐 벗어 놓고」 전문

이 시는 불교적 공간과 사유를 배경으로, 번뇌의 짐을 내려놓는 행위와 초월적 체험을 형상화한다. 첫머리의 "거조암 명부전"은 현실적 장소명이면서 동시에 선계로의 입구를 상징한다. 이곳에서 "528나한의 흔들림 없는 눈매"와 마주한 시적 자아는, '나(我)'라는 존재가 사실은 덧없는 인연일 뿐임을 자각한다. 여기서 나한의 시선은 단순한 조각상이 아니라, 자아의 번뇌를 직시하게 만드는 초월적 거울로 기능한다.

중반부에서 풍경소리가 닫힌 산문을 열어젖힌다는 장면은, 소리의 진동이 곧 깨달음의 계기가 되는 불교적 체험을 드러낸다. 이때 구부정한 소나무는 이승의 소원을 대변하는 존재로 등장하며, 인간적 소망과 초월적 깨달음이 서로 얽히는 지점을 형성한다. 번뇌는 단순히 버려지는 것이 아니라, 자연과 정령들 속에서 새로운 생동으로 환원된다.

마지막 연에서 "허공의 빈 지게"와 "없어도 있는 그대의 뭉클한 환영"은 불교적 공空의 사유를 시적으로 변주한 대목이다. 지게는 짐을 내려놓는 도구이자 빈 공간으로, 실재와 부재를 동시에 품는다. "없어도 있는"이라는 역설은 불교의 공 사상을 시적 언어로 표현하며, 번뇌를 벗어놓음으로써 도달하는 환영적 설렘을 드러낸다.

따라서 「번뇌 한 짐 벗어 놓고」는 불교적 장소와 상징을 매개로, 번뇌의 짐을 내려놓음으로써 체험되는 공空과 환영의 긍정을 그려낸 작품이다. 이는 시인이 종교적 세계를 단순한 신앙의 대상이 아니라, 존재와 번뇌를 성찰하는 실존적 장으로 전유한 결과라 할 수 있다.

> 사변적 하루가 내려다보이는 언덕
>
> 화덕에 불 지펴 놓고
> 구증구포 불佛뜸을 들인다
>
> 이랑마다 비 묻은 등고선이
> 참새 혓바닥을 손톱으로 따서
> 불경을 덖는 일
>
> 차순茶筍 멱을 따는
> 손톱은 존재부터가 음모였다
>
> 녹차 한모금의 성불,
> 불佛이 뎅기네,
>
> 한 세월 돌아앉은
> 명상도량 석불 한 분
> 슬그머니 연蓮방석을 비켜 앉는다
>
>   -「소신공양」전문

이 시는 불교적 수행의 맥락 속에서 차茶와 불佛, 일상과 초월을 교직하여 사유하는 작품이다. 제목에서

부터 '소신공양燒身供養'이라는 불교적 자기희생의 개념과, '녹차를 덖으며'라는 구체적이고 세속적인 행위가 병치된다. 이는 곧 일상의 행위와 종교적 헌신이 분리되지 않음을 보여주는 출발점이다.

"구증구포 불뜸을 들인다"는 구절은 한약의 전통적 조제 과정을 불교적 의례와 접목시켜, 수행의 반복적 고행과 차 덖기의 고된 과정을 겹쳐 놓는다. 여기서 차순을 따는 손톱이 "존재부터가 음모였다"라는 표현은, 수행이 단순한 순결한 행위가 아니라 삶의 얽힘과 고통, 모순을 함께 품고 있음을 시사한다.

중반부의 "녹차 한 모금의 성불"은 일상적 차 마시기가 곧 깨달음의 체험이 될 수 있음을 압축적으로 드러낸다. 불교적 성불은 먼 수행의 결과가 아니라, 현재적 행위 속에서도 체현될 수 있다는 점을 강조한다. 이는 곧 선불교적 사유, 곧 "차 한 잔이 곧 깨달음"이라는 일상과 진리의 합일을 시적으로 형상화한 것이다.

마지막에서 "석불 한 분/ 슬그머니 연방석을 비켜 앉는다"는 장면은, 성스러운 불상이 차 마시는 인간 곁으로 내려와 자리를 내어주는 비의卑意와 평등의 제스처를 보여준다. 불은 숭배의 대상이 아니라, 일상적 행위 속에 함께 앉는 존재로 그려지며, 초월과 현실의 경계는 허물어진다.

따라서 「소신공양」은 불교적 헌신을 영웅적 희생으

로만 보지 않고, 일상과 수행이 포개지는 순간의 환원된 초월성을 강조하는 작품이다. 차 한 모금 속에서 성불을 체험하고, 석불이 곁에 앉는 장면은, 인간과 불, 일상과 진리의 거리를 지워버린 시인의 미학적 통찰을 잘 보여준다.

허수아비의 이력 속으로 한 무리
새떼가 날아든다
허수아비가 그리워 때로는
살아가는 재미를 잃고
도시에로 몰려다니는 참새 떼,
저들도 나처럼 터전을 빼앗겼나 보다
가을볕 한 자락 깔고 앉아
참새 쫓던 그 시절
오래뜰 그 허수아빈 지금도
각설이처럼 웃고 섰을까
허수의 텅 빈 말씀 하나가
추억의 이마를 툭 치고 간다
시오리 나른한 가을볕에
게으르게 졸고 있는 나에게도
갑질이라는 걸 갖게 해 준 참새 떼,
나는 오늘도 헤프게 웃고만 서 있는
허수들처럼 재촉도 동요도 없이
물렁팥죽으로 사는 것은 아닐까
까닭 없이 지청구만 늘었다
유기농을 고집하는 허수의
어엿한 객기가 시치미를 뜯을 때마다
열십(十) 자를 가슴에 품은

허수아비가 달마처럼 웃는다
- 「허수아비의 이력」 전문

이 시는 허수아비라는 상징적 존재를 통해 소외와 회상, 그리고 인간 삶의 허허로움을 탐구한다. 첫머리에서 "허수아비의 이력 속으로 한 무리 새떼가 날아든다"는 구절은, 허수아비가 본래 새를 쫓기 위해 세워졌음에도 오히려 새들의 회귀처가 되는 역설적 상황을 보여준다. 이는 쫓겨난 것들이 되돌아오는 아이러니 속에서, 허수아비가 단순한 농경의 도구를 넘어선 추억과 상실의 표상임을 드러낸다.

"참새 쫓던 그 시절"은 어린 시절의 기억을 환기시키며, 허수아비는 과거와 현재를 매개하는 상징적 장치가 된다. 그러나 시인은 단순히 회상에 머무르지 않고, 허수아비의 '허수의 텅 빈 말씀'이 추억을 툭 치고 지나가는 순간을 강조한다. 이는 과거의 기억이 오늘의 삶을 비추는 공허한 진리로 다가옴을 시사한다.

중반부에서 "참새 떼"와의 관계는 일상적 기억을 넘어서 사회적 의미로 확장된다. 참새 떼는 터전을 잃고 도시로 몰려든 존재들로 비유되며, 이는 곧 현대인의 이주와 소외, 생존의 불안을 반영한다. "갑질이라는 걸 갖게 해 준 참새 떼"라는 구절은 아이러니하게도 작은 권력을 체험한 유년의 기억을 환기하면서, 오늘의

나 역시 허수아비처럼 "재촉도 동요도 없이" 살아가는 무기력함에 비견된다.

마지막 부분에서 허수아비는 "열십자(十)를 가슴에 품은" 모습으로 그려진다. 이는 곧 십자가의 이미지이자, 달마처럼 웃는 초탈의 모습이다. 허수아비는 쓸모없는 허수에 불과하지만, 그 허무 속에서 오히려 웃음을 짓는 존재로 형상화된다. 허수아비의 텅 빈 몸은 결핍이 아니라, 삶을 가볍게 받아들이는 무위와 초연의 태도를 상징한다.

따라서 「허수아비의 이력」은 개인적 추억과 사회적 소외, 종교적 상징이 교직된 작품이다. 허수아비는 농경 사회의 기억이자, 도시 소외의 은유이며, 동시에 달마와 같은 초연한 웃음을 품은 존재다. 이 시는 허무와 무위 속에서도 삶을 가볍게 견디는 지혜를 제시하는 시인의 미학적 성찰을 담고 있다.

> 고사목 늘비한 밀림이
> 그간 적년積年을 밀고하듯
> 샛길 푯말을 산악에 걸어 두었다
> 기둥 잃은 사다리걸음이
> 넋 나간 얼굴을 부축하고
> 산허리를 유영하는 계곡은
> 이끼의 시간을 끌러
> 분절된 이념을 동여맨다
> 절개된 도랑은 얄밴
> 가재 집게발처럼 기세가 등등하다

하늘 높은 줄 모르고
바닥이 깊은 줄도 모르는 산협은
안식각을 베고는 미동도 없다
세모 잠을 자던 도랑이
산문을 열어 둥근 바다를 불러들이고
현기증을 꿰어 매단 금줄이
목덜미를 끌어당기는 칼금 단애
호루라기가 산 틈에 낀 고요를 긴장시킨다
절개를 붙잡고 있는 나무들과
진화를 거부하는 이끼들이
발자국을 뜯어 뒷전으로 물리고
조바심을 달래던 적막강산은
허물없이 다가와 엎어진 나의
그림자를 단번에 일으켜 세운다

- 「금강대협곡」 전문

「금강대협곡」은 백두산의 웅대한 협곡을 배경으로, 자아가 무너지고 다시 일어서는 실존적 체험을 담아낸 작품이다. 첫머리의 "고사목 늘비한 밀림"과 "샛길 푯말"은 세월의 무게와 인간적 표지가 함께 놓여 있음을 드러내지만, 협곡의 장엄한 풍경은 그러한 표지를 압도하며 새로운 차원으로 끌어올린다. 계곡과 이끼, 도랑과 단애 같은 이미지들은 시간을 풀어내고 이념을 묶으며, 인간의 사유를 뛰어넘는 자연의 힘을 드러낸다.

특히 협곡은 인간적 척도로 잴 수 없는 공간이다. "하늘 높은 줄 모르고/ 바닥이 깊은 줄도 모르는 산협"에서 드러나듯, 자아는 그 압도적 스케일 앞에서 무너질 수밖에 없다. 그러나 바로 이 순간, 시인은 협곡을 단순한 파괴가 아니라 회생의 계기로 그려낸다. 마지막의 "적막강산이 허물없이 다가와 엎어진 나의 그림자를 단번에 일으켜 세운다"는 구절은, 몰락의 끝에서 새로운 힘을 발견하는 역설적 체험을 압축한다.

이 지점은 니체의 사유와 강하게 공명한다. 협곡은 자아를 무너뜨리지만, 동시에 다시 일어서게 만드는 힘을 품는다. 이는 단순한 자연 묘사가 아니라 *힘에의 의지(Wille zur Macht)*가 발현되는 순간이다. 몰락은 파멸이 아니라 새로운 생성을 위한 조건이며, 협곡은 바로 그 몰락과 회생의 장으로 형상화된다. 따라서 이 작품은 자연을 숭배의 대상으로 재현하는 것이 아니라, 존재를 파괴하면서도 다시 세우는 비극적 긍정의 공간으로 제시된다.

4부

4부의 시편들은 향토적 풍경, 역사적 공간, 불교적 장소성을 매개로 하여 삶과 죽음, 신앙과 일상의 교차를 탐구한다. 「순천만 갈대」는 갈대밭과 바다, 갯벌의 이미지를 통해 자연을 공동체적 삶과 예술적 영원의 무대로 승화시키며, 「대마도에서」는 국경과 추방의 공간에서 역사적 상흔과 민족적 정체성의 흔들림을 성찰한다. 「마곡천 극락교」는 사바와 극락의 경계에서 집착을 내려놓지 못하는 인간의 조건을 드러내고, 「선암사 가는 길에서」는 숭고한 열반의 길과 해우소라는 일상적 욕망을 병치하여 깨달음의 길이 현실 속 사소한 행위와 분리되지 않음을 보여준다.

  이처럼 4부는 자연·역사·종교적 기표들을 통하여 인간 실존의 다층적 조건을 탐구한다는 점에서 특징적이다. 풍경은 단순한 배경이 아니라 정체성과 그리움의 무대이며, 불교적 공간은 초월의 상징인 동시에 집착의 시험장이 된다. 나아가 시인은 숭고한 신앙과 일상의 욕망을 교직함으로써, 해탈이 추상적 관념이 아니라 삶의 구체적 조건 속에서 발견된다는 사실을 제시한다. 따라서 4부는 시집 전체를 마무리하는 자리에서, 인간 실존을 향토와 역사, 종교와 일상이라는 다층적 차원 속에서 입체적으로 사유하는 결말부로 기능한다.

> 갈밭을 바라보면 괜시리 목이 길어진다
> 누구에게는 가위바위보가 되고
> 누구에게는 낭만의 곳간이 되고
> 또 누구에게는 뜨거운 품이 되는
> 순천만 갈밭
> 손차양 너머 먼 바라기에
> 흰 물갈기를 흩날리는 수평선이
> 그린 그림처럼 걸려 있었다
> 등이 닳은 바다에 등 떠밀린
> 개펄이 넓이를 비우며

소금의 시간을 꾹꾹 눌러 담는다
이리 쏠리고 저리 내딛는
고만고만한 키들이 서로에게
부담이 되지 않으려고
오래전 그날처럼
이미지를 빳빳하게 다려 입고 있었다
노래 제목이 짭조름해지도록
목청을 돋우는 갈대의 속삭임,

은결 정취에 만취된 재두루미 한 마리
자세를 벗어 들고 노을에 박제되어 있었다

— 「순천만 갈대」 전문

 이 시는 순천만의 갈대밭을 무대로, 자연과 인간의 감각적·정서적 교직을 그려낸다. 첫머리 "갈밭을 바라보면 괜시리 목이 길어진다"는 구절은 단순한 시각적 묘사라기보다, 갈대가 만들어내는 공간적 긴장 속에서 자아가 무심히 변형되는 체험을 형상화한다. 갈대밭은 보는 이에 따라 "가위바위보", "낭만의 곳간", "뜨거운 품"으로 달리 해석되며, 이는 곧 자연 풍경이 다층적 의미의 그릇이자 인간 감각에 따라 달라지는 상징적 무대임을 보여준다.
 중반부에서 시인은 갈대밭과 바다, 갯벌의 이미지를 교직한다. "등이 닳은 바다"와 "소금의 시간을 꾹꾹 눌러 담는 개펄"은 바다와 땅이 오랜 세월을 축적한 흔적을 드러내며, 갈대밭은 이 축적된 시간을 매개하는 존재로 자리한다. 이어 "고만고만한 키들이 서로에게 부담이 되지 않으려고"라는 표현은 갈대가 서로 얽혀 있지만 각자의 자리를 지키며 조화를 이루는 풍경을 그린다. 이는 곧 공동체적 삶의 비유이자, 겸허한 존재의 방식을 상징하는 자연의 은유이다.

후반부에서 "노래 제목이 짭조름해지도록/ 목청을 돋우는 갈대의 속삭임"은 갈대의 흔들림을 음악적 리듬으로 전환하며, 바람과 소금, 목청이 뒤섞인 생동감을 표현한다. 마지막 장면에서 "재두루미 한 마리"가 "자세를 벗어 들고 노을에 박제"되는 이미지는, 자연의 한 순간이 영원히 정지된 듯한 초현실적 정서를 불러온다. 이는 갈대밭이 단순한 생태적 풍경을 넘어, 시간과 존재를 박제하는 미학적 장치로 확장됨을 의미한다.

따라서 「순천만 갈대」는 단순한 자연시가 아니라, 자연 풍경이 인간의 감각과 존재 방식을 비추는 다층적 무대임을 드러낸다. 갈대밭은 시간의 축적과 공동체의 은유, 그리고 예술적 영원성을 담아내며, 시인은 그 속에서 자연과 인간의 교직된 운명을 포착한다.

동남쪽, 귀 떨어진 변경邊境에
유배 섬 하나 설핏한 눈빛을 던진다

인적이 횡한 골목엔 모국어가 서투른
무궁화가 아는 체를 하고

신전 무석인의 희미한
웃음이 귀에 걸려 있었다

낡은 허공을 걸치고
붉게 떨어지는 석양이 제
그림자를 들고 허둥대자

오래 전 붙잡았던 손이
내처 놓아지지 않아
하염없이 발자국을 깁는다

다크투어리즘을 마중하듯
도리이가 도열해 있었다

바람의 동선에 밑줄을 그으며
메모하던 山河가 아랫섬에 도착하자

유행가를 흥얼거리는 이즈하라가
저문 얼굴을 낱낱이 주워 담는다

선창을 통해 바라본 창문들이
흐느끼듯 깜박거리고 있었다

－「대마도에서」전문

이 시는 대마도라는 특정 공간을 매개로, 역사적 기억과 타자적 풍경을 교차시킨 작품이다. 첫머리에서 "동남쪽, 귀 떨어진 변경에 / 유배 섬 하나 설핏한 눈빛을 던진다"는 구절은 대마도를 단순한 지리적 섬이 아니라, 국경과 추방, 타자화된 공간으로 제시한다.

여기서 "유배 섬"은 역사적 상처의 장소이며, 시적 자아가 마주한 대마도는 단순한 여행지가 아니라 기억과 상실의 경계다.

"모국어가 서투른 무궁화"는 민족적 정체성이 이국적 공간 속에서 낯설게 흔들리는 장면을 드러낸다. 무궁화가 '아는 체'를 한다는 표현은, 한국적 정체성이 타자적 공간에서 억지로 목소리를 내는 듯한 이질감을 담고 있다. 이어 "신전 무석인의 희미한 웃음"과 "낡은 허공을 걸치는 석양"은 신화적·종교적 기호와 퇴락한 풍경이 뒤섞이며, 역사적 상흔과 초월적 허무를 동시에 불러낸다.

중반부에서 "오래 전 붙잡았던 손이 내쳐 놓아지지 않아/ 하염없이 발자국을 깁는다"는 구절은, 과거의 상실된 인연 혹은 역사적 유대가 끊어지지 않은 채 지속됨을 표현한다. 이는 개인적 기억과 민족적 역사 모두에 적용될 수 있는 다층적 상징이다.

후반부의 "도리이〔鳥居〕가 도열해 있었다"는 대목은 일본 신사의 상징물이자 신성의 표지다. 그러나 시인은 이를 경배의 대상으로 그리지 않고, "다크투어리즘을 마중하듯"이라는 표현으로 억압적 역사와 어두운 기억을 환기한다. 대마도의 풍경은 관광적 소비가 아니라, 역사적 상처와 기억을 다시 불러오는 장소로 변주된다.

마지막 장면에서 "유행가를 흥얼거리는 이즈하라"와 "흐느끼듯 깜박거리는 창문들"은, 일상의 평범함과 애수적 정조가 교차하는 순간이다. 이는 대마도의 현재적 풍경이 여전히 과거의 슬픔을 반향하고 있음을 드러낸다.

따라서 「대마도에서」는 단순한 여행시가 아니라, 역사적 상흔과 정체성의 흔들림을 타자의 공간에서 성찰하는 시다. 대마도는 국경과 추방의 상징이며, 동시에 애수와 기억의 무대이다. 시인은 이 섬을 통해 과거와 현재, 민족적 아픔과 개인적 정조가 중첩된 풍경을 사유한다.

> 도랑 하나 사이 두고
> 사바와 극락이 마주선다
> 한물간 주민증이 헐렁한 줄에 묶여
> 해탈문으로 끌려간다
> 사천왕 나무칼에 콧잔등이 써늘하다
> 입고 온 소리조차 벗고 들란다, 끝내는
> 사람은 벗고 그림자만 입장시킨다
> 그림자 소리까지 벗을 쯤에서
> 누가 내 등을 밟고 지나간다
> 뒤태가 마려워 뒤돌아보니
> 발자국이 이승 자락에 묶여 있었다
> 팽팽한 동선과 내가 줄다리기 하자
> 천년 노송이 긴 혀를 껄껄 찬다
> 휘파람새가 우짖는 능선을 감돌아

황해로 가던 봇도랑이 뒤돌아본다
울퉁불퉁한 소리가 도랑을 흔들어대도
이역을 넘나드는 극락교는 한 방향만 열고 있다
바짓가랑이에서는 가위소리가 나고
극락교 머릿돌에서는 타는 소리가 난다
바람도 햇살도 어쩌지 못한 극락의 영마루
두터운 그림자가 벗어 놓은 사람들
사람을 벗어던진 무형 사이즈만 들라는데
결코 덜어낼 수 없는 그림자들
그 검은 짐승들 때문에 쫓겨나고 말았다

- 「마곡천 극락교」 전문

  이 시는 충남 공주시 마곡사 마곡천의 극락교라는 구체적 공간을 배경으로, 삶과 죽음, 사바와 극락의 경계를 사유한 작품이다. 첫머리에서 "도랑 하나 사이 두고/ 사바와 극락이 마주선다"는 구절은, 좁은 도랑이 곧 생사와 윤회의 경계를 상징한다. 물리적으로는 작은 거리를 두고 있지만, 실존적으로는 넘을 수 없는 차원의 간극이 드러난다.

  "한물간 주민증이 헐렁한 줄에 묶여/ 해탈문으로 끌려간다"는 장면은, 세속적 신분과 존재 증명이 죽음 앞에서는 무력화됨을 환기한다. 주민증이라는 현대적 기표가 '해탈문'이라는 불교적 장치와 병치되면서, 현대적 삶과 불교적 죽음관의 아이러니가 선명하게 드러난다. 이어 "사람은 벗고 그림자만 입장시킨다"는 표현은, 육신의 벗겨짐 속에서 남는 것은 결국 그림자 같은 흔적뿐임을 드러낸다.

시적 자아가 극락교 앞에서 경험하는 긴장은 줄다리기 이미지로 형상화된다. "팽팽한 동선과 내가 줄다리기 하자/ 천년 노송이 긴 혀를 껄껄 찬다"는 구절은, 인간적 집착과 시간의 장구함이 맞부딪히는 장면이다. 극락교는 "한 방향만 열고 있다"는 표현에서 알 수 있듯, 삶에서 죽음으로, 사바에서 극락으로 향하는 일방향성의 길로 그려진다.

마지막 부분에서 시인은 극락조차 완전한 해탈의 공간이 아님을 드러낸다. "사람을 벗어던진 무형 사이즈만 들라는데/ 결코 덜어낼 수 없는 그림자들"은, 인간이 끝내 놓지 못하는 욕망과 집착, '검은 짐승들'을 가리킨다. 결국 시적 자아는 이 집착 때문에 극락에서조차 쫓겨나는 운명에 처한다. 이는 불교적 구원의 공간마저 인간의 실존적 조건 앞에서는 완전히 열리지 않는다는 역설을 암시한다.

따라서 「마곡천 극락교」는 불교적 상징을 매개로 하여, 삶과 죽음의 경계, 해탈과 집착의 긴장을 시적으로 탐구한다. 극락은 완전한 해탈의 공간이 아니라, 집착을 버리지 못한 인간이 끝내 도달하지 못하는 이상향으로 그려진다. 이 시는 종교적 공간을 통해 인간 실존의 무거운 짐을 성찰하는 작품이라 할 수 있다.

> 추위가 생략된 초겨울
> 뜻밖에도 낮달이 요량 없이 따라온다
> 열반을 모의하러 가는 중생이
> 윗도리 하나씩 벗어던지는 산문 어귀
> 신앙의 세포가 증식하는
> 승선교 포물선 꼭짓점에 서서
> 조용히 자세를 가다듬는다
> 어느 도정에 들켜버린 낮달이
> 흐린 일상을 유인하는 하오
> 필연으로 얽힌 사바세계가
> 목까지 채워진 지퍼처럼
> 열반을 모의하러 가던 도반들
> 앞다투어 해우소부터 찾는다
> 노크하면 열리는 해우소,
> 우환이 쑤-욱 빠지고 나면
> 비로소 길이 보이고 부처가 생각난다
> 어차피 이승의 지도로는
> 찾아가기 어려운 신앙의 노정,
>
> 한 덩이 번뇌마가 시공의 경계를 허문다
>
> ―「선암사 가는 길에서」 전문

 이 시는 전남 순천의 선암사로 향하는 길을 배경으로, 불교적 신앙의 일상성과 초월성의 공존을 유머와 사유 속에 담아낸 작품이다.
 첫머리 "추위가 생략된 초겨울"과 "뜻밖에도 낮달이

요량 없이 따라온다"는 구절은, 현실적 계절감 속에 초현실적 풍경이 어우러지는 장면을 제시한다. 이는 선암사로 향하는 길이 단순한 물리적 이동이 아니라, 이미 사바와 열반이 교차하는 통로임을 암시한다.

산문 어귀에서 "중생이 윗도리 하나씩 벗어던진다"는 장면은, 현실적으로는 더위를 식히는 행위이지만, 불교적 맥락에서는 집착을 덜어내는 상징적 행위로 읽힌다. 이어 "승선교 포물선 꼭짓점에 서서 조용히 자세를 가다듬는다"는 구절은, 다리를 건너는 순간이 단순한 물리적 경험이 아니라, 정신적 태도의 전환 지점임을 드러낸다.

중반부의 낮달은 이중적 의미를 가진다. "어느 도정에 들켜버린 낮달"은 일상의 흐린 세계를 이끄는 존재로, 열반의 초월적 세계와 세속적 사바 세계를 연결하는 매개로 기능한다. 그러나 동시에 "열반을 모의하러 가던 도반들/ 앞다투어 해우소부터 찾는다"는 장면은, 숭고한 신앙의 길 속에서도 현실적 욕구와 생리적 필요가 앞선다는 사실을 유머러스하게 드러낸다.

마지막 연에서 "노크하면 열리는 해우소"와 "우환이 쑤-욱 빠지고 나면/ 비로소 길이 보이고 부처가 생각난다"는 구절은, 인간적 욕망이 해소된 이후에야 깨달음의 길이 열림을 보여준다. 이는 해탈과 깨달음이 일상의 사소한 행위와 긴밀히 맞닿아 있다는 역설적 진리를 강조한다. "한 덩이 번뇌마가 시공의 경계를 허문다"는 결말은, 결국 번뇌마저 깨달음의 계기가 될 수 있다는 불교적 통찰로 귀결된다.

따라서 「선암사 가는 길에서」는 숭고와 일상, 열반과 해우소를 교직하여, 불교적 깨달음이 현실의 삶과 분리되지 않음을 유머러스하면서도 깊이 있게 제시한 작품이다. 신앙은 초월적 지도가 아니라, 사소한 행위 속에서 열리는 길이라는 시인의 미학적 메시지가 이 시의 핵심이다.

마무리

이 시집은 인간 존재의 불안정성과 언어의 한계를 출발점으로 삼아, 종교적 상징과 향토적 풍경, 그리고 장엄한 자연을 종횡으로 넘나들며 삶과 죽음, 허무와 초월을 다층적으로 탐구한다. 작품들은 일상의 사소한 경험에서부터 신성한 종교 공간, 국경의 역사적 현장, 그리고 웅대한 협곡과 갯벌의 풍광에 이르기까지, 서로 다른 장면들을 병치하면서도 일관되게 '흔들리는 자아와 세계'를 응시한다. 이러한 흔들림은 결핍의 증상이 아니라, 오히려 새로운 의미와 생성을 여는 문이 된다.

시인은 도깨비, 저승사자, 허수아비와 같은 민속적 상징에서부터 교회와 절, 극락교 같은 종교적 장소,

순천만과 대마도, 금강대협곡과 같은 향토와 국경의 풍경에 이르기까지 다양한 무대들을 시 속에 불러낸다. 이들은 모두 불안정하고 경계적인 기호들이며, 그 경계성 속에서 언어와 존재의 본질적 문제를 성찰하게 한다. 각 시편은 기억과 망각, 삶과 죽음, 신앙과 허무, 자연과 인간 사이의 긴장을 드러내며, 그 긴장 속에서 새로운 의미를 길어 올린다.

특히 종교적 상징들은 절대적 권위를 지닌 기표가 아니라, 흔들리고 균열된 채로 나타난다. 교회의 종소리, 불교의 풍경소리, 극락교의 그림자는 모두 신성의 언어가 더 이상 절대적이지 않음을 보여준다. 그러나 바로 그 균열 속에서 시인은 새로운 의미와 결단을 발견한다. 신앙은 외부 권위에 대한 복종이 아니라 주체적 결단으로 재해석되며, 허무는 삶을 무너뜨리는 공허가 아니라 새로운 시작을 가능케 하는 공空의 장으로 드러난다.

또한 자연의 풍경은 단순한 배경이 아니라, 인간 존재의 실존적 조건을 시험하는 무대이다. 순천만의 갈대밭은 공동체적 삶과 예술적 영원의 은유로, 대마도는 역사적 상흔과 정체성의 흔들림으로, 금강대협곡은 인간을 무너뜨리면서도 다시 일으켜 세우는 압도적 회생의 공간으로 형상화된다. 시인은 자연과 역사를 단순히 재현하는 데 그치지 않고, 그 속에서 인간 존재의 의미를 새롭게 구성한다.

종합적으로 볼 때, 이 시집은 흔들림과 허무를 존재의 근본적 결함으로 보지 않고, 오히려 생성과 변형의 조건으로 긍정하는 독창적 미학을 보여준다. 시인은 흔들림 속에서 다시 살아낼 힘을, 허무 속에서 다시 일어서려는 결단을 발견한다. 따라서 이 시집은 단순한 서정의 기록을 넘어, 언어와 존재의 근본적 문제를 치열하게 성찰하는 철학적 기획이며, 동시에 독자들에게 삶의 불안정성 속에서 용기와 희망을 길어 올리게 하는 문학적 성취라 할 수 있다.

무엇보다 이 시집은 하이데거와 니체라는 두 철학자의 문제의식을 가로지른다. 하이데거적 시선에서 작품들은 언어의 한계와 실존의 불안정, 그리고 죽음을 향한 선취의 체험을 탐구한다. 동시에 니체적 맥락에서는 흔들림과 허무를 단순한 결핍으로 보지 않고, 몰락을 통해 새로운 생성을 긍정하는 태도가 드러난다. 두 사유는 서로 긴장하면서도 교차한다. 하이데거의 언어 존재론은 「문장의 벽」과 「환청」에서, 니체의 몰락과 비극적 긍정은 「못의 일생」과 「금강대협곡」에서 두드러진다. 그럼에도 전체 시집은 이 이질적인 사유들을 하나로 직조하여, 흔들림과 허무를 존재의 본질적 조건으로 받아들이면서도, 그 속에서 다시 일어서려는 인간의 결단을 노래한다.